풍성한 삶으로의 초대─────────**워크북**

풍성한 삶으로의 ──────────── 초대

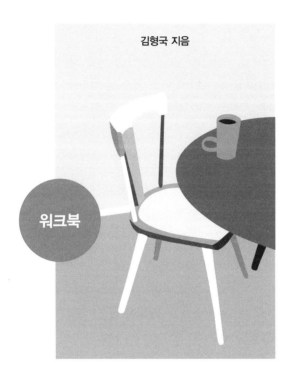

김형국 지음

워크북

비아
토르
viatr

들어가는 말

　모든 만남이 아름답고 소중하지만, 그 중에서 가장 아름다운 만남은 하나님과의 만남일 것입니다. 온 세상과 나를 만드신 하나님, 나를 향하여 깊은 사랑과 놀라운 계획을 품으신 하나님을 만날 수 있다면, 그것은 얼마나 큰 축복이겠습니까?《풍성한 삶으로의 초대》는 이러한 축복을 나누기 위해서 쓴 하나님나라 안내서입니다. 각 장의 내용을 가지고 곱씹어 보며, 자신이 지금 어디에 서 있는지, 그리고 어디로 걸어가야 할지 가늠해 보도록 한 책이지요. 그냥 읽어 버리기에는, 이 책에서 소개하고 있는 내용이 우리의 인생에 너무도 중요한 질문들입니다.

　《풍성한 삶으로의 초대》가 출간된 후, 이 책을 통해 자신의 영적 여행에 큰 도움을 얻었을 뿐 아니라 삶의 방향이 바뀌었다는 분들을 여러 명 만났습니다. 그리고 이 책을 좀 더 잘 소화할 수 있도록 돕는 자료가 있었으면 좋겠다는 이야기를 자주 들었습니다. 이 책이 잉태된 나들목교회에서는, 교회에 등록하기 전에 모든 방문객이 이 책을 가지고 4-8주 정도 이야기를 나눕니다. 그때 사용하도록 만들었던 워크북을 조금 더 다듬고, 도움이 될 수 있는 글을 뒤에 덧붙여서 이제《풍성한 삶으로의 초대 워크북-일반용》을 출간합니다. 이 워크북에 조금 앞서, 대한민국 육해공군에서 사용할 수 있는 3주 과정의 '군인용' 워크북도 출간되었습니다.

　기독교의 진리는 단순하게 설명할 수 있지만, 또한 매우 심오하여서, 사람들마다 각자 자신이 서 있는 자리에서 질문을 던지는 것이 중요합니다. 또 이런 솔직한 질문과 함께 자신을 진지하게 성찰하는 것이 필요합니다. 이런 과정을 홀로 하는 것도 가능하지만, 인생길을 함께 걸어가고 있는 사랑하는 사람들과 나눔을 갖는 것은 더더욱 소중합니다. 이 워크북을 통해서, 우리 삶의 소중한 이야기를 소중한 사람들과 함께 나누며 우리의 영적 여행이 더 풍성해지면 좋겠습니다.

기독교를 설명하는 데는 여러 가지 방법이 있는데, 《풍성한 삶으로의 초대》는 오늘날 한국적 상황을 고려하여, 기독교의 진리를 다소 친절하게 설명하는 책입니다. 하지만 기독교를 조금 더 대담하게 전하는 책도 필요하다고 여겨져서, 예수님의 중심 사상을 담은 《하나님나라의 도전》도 출간했습니다. 이 두 책은 기독교를 약간 다른 방식으로 소개하는, 쌍둥이 버전이라고 할 수 있습니다. 《풍성한 삶으로의 초대》를 읽으시고, 기독교의 진리를 예수께서 선포하신 방식으로 접하고 싶으시면 《하나님나라의 도전》은 큰 도움이 될 것입니다.

이렇듯 《풍성한 삶으로의 초대》나 《하나님나라의 도전》이 기독교에 대해 설명해 주고는 있지만, 예수님 자신이 어떤 분인지에 대한 이야기를 담고 있지는 않습니다. 그런데 기독교의 핵심은 바로 이 예수님을 만나는 것입니다. 그러므로 성경에 등장하는 예수님이 오늘날도 수많은 사람들을 찾아와 만나 주심을 경험하는 것은 우리에게 너무도 소중합니다. 이런 분들은 《풍성한 삶으로의 초대》를 마치고, 필요하다면 《만나지 않으면 변하지 않는다》, 《만남은 멈추지 않는다》와 이 책들의 워크북(생명의 말씀사)을 사용하시면 유익을 얻을 것입니다. 조금 더 진지하게 예수님을 찾기 원하는 분들을 위해서 쓴 《요한과 함께 예수 찾기》와 이 책의 워크북(생명의 말씀사)을 사용하여, 요한 복음 전체를 읽어 나가면서 그 속에 그려진 예수님을 찾을 수도 있겠습니다. 예수님을 만나고 알아가고 따라가기 위해 만들어지고 있는 자료들을 책 뒤에 실었으니 도움이 되었으면 좋겠습니다.

모든 진리가 그렇겠지만, 기독교의 진리 역시 지적인 호기심과 질문의 답을 찾음으로써 지적 동의에 이를 수 있습니다. 하지만 이 진리가 자신에게 실제로 적용되지 않는다면, 살아 있는 진리, 우리를 살게 하는 진리가 될 수 없습니다. 이 워크북과 그 밖의 자료들이 예수님을 이해하는 것을 넘어서서 예수님을 자신의 인생에 받아들이는 축복의 통로가 되었으면 좋겠습니다.

2019년 2월 김형국

《풍성한 삶으로의 초대 워크북》 소개

이 책은 다양한 방법으로 사용할 수 있습니다. 중요한 것은 이 책을 읽어가는 사람의 속도에 맞추는 것입니다. 사람들마다 질문하는 내용도, 그 깊이도 다르기 때문입니다. 예수님을 통해 하나님을 만나기 위해서는 무엇보다도 진실한 추구가 필요합니다. 이를 돕기 위해 만들어진 워크북의 문제들에 정답을 찾으려 하지 말고, 자신이 진정으로 생각하는 바를 써 보십시오.

이미 예수님을 믿고 거듭났다고 확신하시는 분들은, 이 워크북을 소그룹 형태의 모임에서 자신이 가지고 있는 기초를 든든하게 세우기 위해 사용하면 좋습니다. 그러나 기독교의 진리에 대해서 잘 모르거나, 교회를 오래 다녔으나 아직 기독교의 진리에 대한 확신이 없다거나 삶의 변화가 없다고 생각하시는 분들은 가능하면 일대일로 이 워크북을 사용하는 것이 좋습니다. 각사람이 질문하는 바들에 집중하기 위해서는 다른 사람들의 질문으로 자신의 추구가 혼란스러워지지 않는 것이 더 유리하기 때문입니다.

크게 보면 이 책은 세 주제를 다루고 있는데 1-3과는 기독교의 진리를 듣기 전에 다루어야 할 중요한 내용이고, 4-6과는 기독교의 가장 근본적인 진리에 대한 것입니다. 그리고 7과는 기독교의 진리에 대해서 어떤 반응을 하고 어떻게 살아갈 것인가를 다루고 있는데, 7과는 이 주제를 기초적으로 다루고 있는 《풍성한 삶의 첫걸음》의 서론 격입니다.

일반적으로 이 책은 7주 과정으로 매주 한 과를 소화하도록 구성되어 있습니다. 그러므로 매주 한 과를 읽거나 동영상을 보고, 이 워크북의 질문에 답을 하는 것이 가장 좋습니다. 그러나 개인들의 상황에 따라 일주일에 2회 씩 만나 4주 만에 끝낼 수도 있습니다.

또는 4회로 나누어서 다루고 싶다면 1-2과, 3-4과, 5-6과, 7과로 나누어 서 할 수 있고, 만약 3회로 하려 한다면 1-3과, 4-5과, 6-7과로 할 수도 있겠 습니다. 다양한 방법들이 있겠지만, 전적으로 이 책으로 하나님을 알아 가는 분들의 필요와 속도에 따르는 것이 가장 좋습니다. 1-3과를 다룰 때 1, 2, 3 과를 차례로 읽는 것이 좋지만, 사람에 따라서는 3, 1, 2과의 순으로 읽는 것 도 좋습니다.

이 워크북의 뒤에 실은 "기독교와 성경에 대한 21가지 FAQ"와, 찾는이를 이해하고 섬기는 일에 도움이 될 수 있는 글들은 《풍성한 삶으로의 초대》를 이끄는 분들이 찾는이 친구들을 위해서 적절하게 사용하시면 좋겠습니다.

진실한 질문, 정직한 성찰, 그리고 진솔한 나눔…. 함께 인생을 여행하는 우리들에게 얼마나 소중한 것들입니까? 이 여정을 통해 참으로 소중한 만남 을 누리시길 기도합니다.

세 가지 문과
세 가지 장애물

들어가며

1 인생이란 삶의 의미와 궁극적 진리를 찾아가는 여정이라고 할 수 있습니다. 삶의 의미에 대해 질문하지 못할 정도로 하루하루 살기가 힘든 사람이든, 반대로 사는 것이 너무 재미있는 사람이든, 순간순간 찾아오는 "사는 것이 도대체 뭘까?", "이렇게 살아도 되는 것인가?"라는 질문에서 자유로운 사람은 없습니다. 우리는 모두 적극적으로든 소극적으로든 삶의 의미를 묻거나 찾고 있습니다. 최근에 이런 질문을 진지하게 던져 본 적이 있습니까?

기독교로 들어오는 세 개의 문

2 일반적으로 기독교에 들어오는 문이 세 개가 있다고 하는데, 그 각각의 문을 간단히 요약해 보십시오.

● 생활 양식

● 경험/체험/위기

● 삶의 의미 탐구/추구

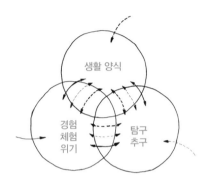

3 우리가 어느 문으로 들어왔든 위의 세 요소는 결국 다 필요합니다. 이런 요소들의 선순환 과정이란 어떤 것을 말합니까?

"진리는 통합적입니다. 어느 문으로 들어왔든 상관없습니다. 중요한 것은, 세월이 지나면서 이 모든 것이 한 부분 한 부분 심화되고 그것이 선순환되는 과정을 겪을 때, 우리 여행은 정말 의미와 가치가 있게 된다는 것이지요."_p.19

4 심오하지만 단순하여서 우리로 인생의 '새로운 출발점'에 설 수 있게 해 주는 진리가 분명 있는데, 이 핵심 진리에 다가가지 못하게 가로막는 장애물들이 있습니다. 어떤 장애물들이 있는지 간략하게 설명해 봅시다. 혹시 다른 친구들의 사례를 안다면 같이 이야기해도 좋습니다.

- 기독교인과 교회가 만들어 놓은 장애물

- 지적 장애물

- 실존적 장애물

- 기타

5 진지한 구도의 출발점은 저마다 다르겠지만, 당신의 경우는 어떤 문을 통해서 들어왔는지 또 지금은 어떤 과정에 있는지, 당신의 삶에서는 어떤 선순환이 이뤄지고 있는지 나누어 봅시다.

6 당신이 하나님을 알아 가는 과정을 가로막고 있는 장애물이 있습니까? 그렇다면 그 장애물은 무엇입니까?

7 "묻지 말고 믿기만 해라"라는 말과 "솔직한 질문을 하면 솔직한 답변이 주어진다"라는 프란시스 쉐퍼(Francis A. Schaeffer, 1912-1984년)의 말을 비교해 보고 당신의 생각을 말해 보십시오. 그리고 지금 당신이 진리를 향해 가는 여정에서 마음에 품고 있는 '진지한 질문'은 무엇입니까?

"'무조건 믿어라'라고 말하는 것은 지적 태만이며 나아가 지적 폭력입니다. 이런 자세 때문에 많은 사람이 근본 진리에 대해서 고민도 해 보기 전에 아예 포기해 버립니다.…인생 여정의 나침반이 될 수 있는 그런 진리를 찾으려 한다면, 우리의 질문은 언제나 타당합니다. 우리는 진실하고 겸허하게 질문해야 합니다." _pp.24-25

• 이 책의 뒷부분에는 "기독교와 성경에 대한 21가지 FAQ"가 정리되어 있습니다. 평소에 가졌던 질문이 있다면 한번 찾아보십시오.

무신론과 유신론,
소통하시는 하나님

들어가며

1 이제 기독교의 기본 진리를 알아볼 차례입니다. 이 이야기를 시작하면서 우리가 먼저 질문해야 할 것이 있습니다. 그것은 바로, 하나님이 존재하시는지 여부와 우리가 어떻게 그 하나님을 알 수 있느냐 하는 질문입니다. 만약 신이 존재하고 그 신이 우주를 만든 존재라면, 그 신은 적어도 140억 년 전에도 존재해야 합니다. 그런데 한 점에서 시작되어 지금은 그 끝을 알 수 없는 광활한 우주를 만드신 신을, 이 거대한 우주에 비하면 먼지 정도에 불과한 은하계에서, 그 중에서도 손톱만한 태양계, 그곳에 있는 여러 행성 중 하나인 지구에 사는 내가 어떻게 알 수 있을까요? 즉, 유한한 인간이 무한한 신을 안다는 것은 가능할까요?

무신론과 유신론

2 신이라는 존재가 아예 없다고 생각하는 '무신론'과 우주 만물을 창조한 신이 있다고 보는 '유신론'의 입장을 비교해서 짧게 설명해 봅시다.

● 무신론

● 유신론

3 "신이 있다는 것을 증명하면 난 기독교인이 되겠어요!"라고 말하는 사람에게 "그렇다면 당신은 신이 없다는 것을 증명할 수 있습니까?"라는 질문을 던지면 어떻게 될까요? 결국 신의 존재는 증명의 문제가 아니라 신념 체계또는 세계관이나 전제와 관련된 것이라는 주장에 대해 어떻게 생각하십니까?

> "저는 많은 철학자들이 주장하는 것처럼, 이 무신론과 유신론은 증명할 수 있는 문제가 아니라 각 개인이 선택해야 할 문제라고 생각합니다. 우리는 인생의 어느 시점엔가는 진지하게 질문을 던져야 합니다. '정말 나를 포함한 주변의 모든 것이 물질과 시간과 우연에 의해서 몇 십 억 년이나 되는 오랜 시간 동안 형성된 것인가? 그렇다면 나는 죽으면 다시 물질로 돌아가는 그런 존재, 무로 돌아가는 존재인가? 나의 정신도, 도덕도, 미적 감각도 다 이렇게 생성된 것인가? 아니면 나라는 존재는 어떤 특별한 분에 의해서, 어떤 신에 의해서 만들어졌는가? 어떤 특별한 원리에 의해서 내가 지음을 받았는가?' 이것은 전제의 문제이며, 선택의 문제입니다."_pp.37-38

소통하시는 하나님

4 조금 단순화시켜 말하면, 유신론 안에도 두 종류의 믿음이 있습니다. 그 기준은 '소통'입니다. 기독교의 입장과 불교, 도교, 기타 종교의 입장을 비교해 보십시오.

● 소통하는 신과 소통하지 않는 신

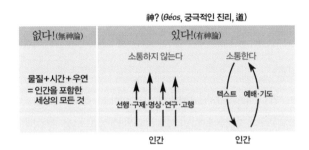

5 기독교에서는 신(하나님)이 인간을 먼저 찾아왔으며, 우리와 소통하기를 먼저 원했고, 그로 인해 인간이 신(하나님)에게 반응할 수 있다고 말합니다. 그런데 신(하나님)이 처음 찾은 사람들은 누구였으며, 그들은 어떤 사람들이었습니까? 그리고 기독교가 말하는 신(하나님)의 핵심적인 소통 방법은 무엇입니까?

"성경에 나오는 하나님은 많은 사람들이 생각하는 하나님과 많이 다릅니다.…하나님께서 변변한 이름조차 없었던 이스라엘을 찾아오셨다는 것은 매우 중요한 점을 시사합니다. 신이 인간을 찾아올 때, 세상에서 가장 핍박을 받고 가장 고통스러운 상황에 있는 민족을 택해서 자신을 드러내셨다는 것이죠. 권력과 재력, 지혜와 도덕으로 무장한 민족이 아니라 세상에서 가장 미천한 족속을 찾아오신 하나님이시기에, 이 땅 모든 사람에게 이 하나님이라는 분이 소망이 될 수 있다고 저는 믿습니다." _p.44

나눔을 위한 질문

6 당신이 지금까지 알고 있던 하나님(신)은 어떤 존재였는지 이야기 나누어 봅시다. 그 하나님이 인간에게 먼저 다가와 소통하시는 분이라는 사실이 당신에게는 어떤 의미인가요?

7 하나님이 성경(text)을 통해 사람과 소통한다는 기독교의 가르침에 대해 어떻게 생각하십니까? 성경과 관련한 이제까지의 당신의 경험과 태도에 대해 말씀해 주십시오. 오늘의 만남 후에 성경에 대한 당신의 생각에는 어떤 변화가 있을까요?

"이제 여러분이 정말 관심을 가져야 할 것은, 이 성경이라는 텍스트가 우리에게 보여 주는 하나님이 어떤 분인지를 알아 가는 것입니다. 다른 사람의 설명이 아니라 여러분 스스로 성경을 읽으면서 '아, 하나님이 이런 분이구나' 하고 아는 것이 참으로 중요합니다." _p.47

8 다음에 제시된 성경 본문 중 세 부분을 골라 읽고, 거기서 말하는 바가 무엇인지 생각해 봅시다. 이 본문들에 나타난 예수님은 어떤 분이십니까? 다음 만남에서 함께 이야기해 봅시다.

● 요한복음 2장 1–11절/요한복음 3장 1–21절/요한복음 4장 1–42절/요한복음 5장 1–30절/요한복음 8장 1–16절/요한복음 9장 1–41절

사흘째 되는 날에 갈릴리 가나에 혼인 잔치가 있었다. 예수의 어머니가 거기에 계셨고, 예수와 그의 제자들도 그 잔치에 초대를 받았다. 그런데 포도주가 떨어지니, 예수의 어머니가 예수에게 말하기를 "포도주가 떨어졌다" 하였다. 예수께서 어머니에게 말씀하셨다. "여자여, 그것이 나와 당신에게 무슨 상관이 있습니까? 아직도 내 때가 오지 않았습니다." 그 어머니가 일꾼들에게 이르기를 "무엇이든지, 그가 시키는 대로 하세요" 하였다.

그런데 유대 사람의 정결 예법을 따라, 거기에는 돌로 만든 물항아리 여섯이 놓여 있었는데, 그것은 물 두세 동이들이 항아리였다. 예수께서 일꾼들에게 말씀하셨다. "이 항아리에 물을 채워라." 그래서 그들은 항아리마다 물을 가득 채웠다. 예수께서 그들에게 말씀하시기를 "이제는 떠서, 잔치를 맡은 이에게 가져다 주어라" 하시니, 그들이 그대로 하였다. 잔치를 맡은 이는, 포도주로 변한 물을 맛보고, 그것이 어디에서 났는지 알지 못하였으나, 물을 떠온 일꾼들은 알았다. 그래서 잔치를 맡은 이는 신랑을 불러서 그에게 말하기를 "누구든지 먼저 좋은 포도주를 내놓고, 손님들이 취한 뒤에 덜 좋은 것을 내놓는데, 그대는 이렇게 좋은 포도주를 지금까지 남겨 두었구려!" 하였다. 예수께서 이 첫 번 표징을 갈릴리 가나에서 행하여 자기의 영광을 드러내시니, 그의 제자들이 그를 믿게 되었다.

바리새파 사람 가운데 니고데모라는 사람이 있었다. 그는 유대 사람의 한 지도자였다. 이 사람이 밤에 예수께 와서 말하였다. "랍비님, 우리는, 선생님이 하나님께로부터 오신 분임을 압니다. 하나님께서 함께하지 않으시면, 선생님께서 행하시는 그런 표징들을,

아무도 행할 수 없습니다." 예수께서 그에게 말씀하셨다. "내가 진정으로 진정으로 너에게 말한다. 누구든지 다시 나지 않으면, 하나님나라를 볼 수 없다." 니고데모가 예수께 말하였다. "사람이 늙었는데, 그가 어떻게 태어날 수 있겠습니까? 어머니 뱃속에 다시 들어갔다가 태어날 수야 없지 않습니까?" 예수께서 대답하셨다. "내가 진정으로 진정으로 너에게 말한다. 누구든지 물과 성령으로 나지 아니하면, 하나님나라에 들어갈 수 없다. 육에서 난 것은 육이요, 영에서 난 것은 영이다. 너희가 다시 태어나야 한다고 내가 말한 것을, 너는 이상히 여기지 말아라. 바람은 불고 싶은 대로 분다. 너는 그 소리는 듣지만, 어디에서 와서 어디로 가는지는 모른다. 성령으로 태어난 사람은 다 이와 같다." 니고데모가 예수께 물었다. "어떻게 이런 일이 있을 수 있습니까?" 예수께서 대답하셨다. "너는 이스라엘의 선생이면서, 이런 것도 알지 못하느냐? 내가 진정으로 진정으로 너에게 말한다. 우리는, 우리가 아는 것을 말하고, 우리가 본 것을 증언하는데, 너희는 우리의 증언을 받아들이지 않는다. 내가 땅의 일을 말하여도 너희가 믿지 않거든, 하물며 하늘의 일을 말하면 어떻게 믿겠느냐? 하늘에서 내려온 이 곧 인자밖에는 하늘로 올라간 이가 없다. 모세가 광야에서 뱀을 든 것같이, 인자도 들려야 한다. 그것은 그를 믿는 사람마다 영생을 얻게 하려는 것이다.

하나님께서 세상을 이처럼 사랑하셔서 외아들을 주셨으니, 이는 그를 믿는 사람마다 멸망하지 않고 영생을 얻게 하려는 것이다. 하나님께서 아들을 세상에 보내신 것은, 세상을 심판하시려는 것이 아니라, 아들을 통하여 세상을 구원하시려는 것이다. 아들을 믿는 사람은 심판을 받지 않는다. 그러나 믿지 않는 사람은 이미 심판을 받았다. 그것은 하나님의 독생자의 이름을 믿지 않았기 때문이다. 심판을 받았다고 하는 것은, 빛이 세상에 들어왔지만, 사람들이 자기들의 행위가 악하므로, 빛보다 어둠을 더 좋아하였다는 것을 뜻한다. 악한 일을 저지르는 사람은, 누구나 빛을 미워하며, 빛으로 나아오지 않는다. 그것은 자기 행위가 드러날까 보아 두려워하기 때문이다. 그러나 진리를 행하는 사람은 빛으로 나아온다. 그것은 자기의 행위가 하나님 안에서 이루어졌음을 드러내려는 것이다."

● 요한복음 4장 1-42절

요한보다 예수께서 더 많은 사람을 제자로 삼고 세례를 주신다는 소문이 바리새파 사람들의 귀에 들어간 것을 예수께서 아셨다.-사실은, 예수께서 직접 세례를 주신 것이 아니라, 그 제자들이 준 것이다.-예수께서는 유대를 떠나, 다시 갈릴리로 가셨다. 그렇게 하려면, 사마리아를 거쳐서 가실 수밖에 없었다. 예수께서 사마리아에 있는 수가라는 마을에 이르셨다. 이 마을은 야곱이 아들 요셉에게 준 땅에서 가까운 곳이며, 야곱의 우물이 거기에 있었다. 예수께서 길을 가시다가, 피로하셔서 우물가에 앉으셨다. 때는 오정쯤이었다.

한 사마리아 여자가 물을 길으러 나왔다. 예수께서 그 여자에게 마실 물을 좀 달라고 말씀하셨다. 제자들은 먹을 것을 사러 동네에 들어가서, 그 자리에 없었다. 사마리아 여자가 예수께 말하였다. "선생님은 유대 사람인데, 어떻게 사마리아 여자인 나에게 물을 달라고 하십니까?" (유대 사람은 사마리아 사람과 상종하지 않기 때문이다.) 예수께서 그 여자에게 대답하셨다. "네가 하나님의 선물을 알고, 또 너에게 물을 달라는 사람이 누구인지를 알았더라면, 도리어 네가 그에게 청하였을 것이고, 그는 너에게 생수를 주었을 것이다." 여자가 말하였다. "선생님, 선생님에게는 두레박도 없고, 이 우물은 깊은데, 선생님은 어디에서 생수를 구하신다는 말입니까? 선생님이 우리 조상 야곱보다 더 위대하신 분이라는 말입니까? 그는 우리에게 이 우물을 주었고, 그와 그 자녀들과 그 가축까지, 다 이 우물의 물을 마셨습니다." 예수께서 말씀하셨다. "이 물을 마시는 사람은 다시 목마를 것이다. 그러나 내가 주는 물을 마시는 사람은, 영원히 목마르지 아니할 것이다. 내가 주는 물은, 그 사람 속에서, 영생에 이르게 하는 샘물이 될 것이다." 그 여자가 말하였다. "선생님, 그 물을 나에게 주셔서, 내가 목마르지도 않고, 또 물을 길으러 여기까지 나오지도 않게 해주십시오."

예수께서 그 여자에게 말씀하셨다. "가서, 네 남편을 불러 오너라." 그 여자가 대답하였다. "나에게는 남편이 없습니다." 예수께서 여자에게 말씀하셨다. "남편이 없다고 한 말이 옳다. 너에게는, 남편이 다섯이나 있었고, 지금 같이 살고 있는 남자도 네 남편이 아니니, 바로 말하였다." 여자가 말하였다. "선생님, 내가 보니, 선생님은 예언자이십니다. 우리 조상은 이 산에서 예배를 드렸는데, 선생님네 사람들은 예배드려야 할 곳이 예루살렘에 있다고 합니다." 예수께서 말씀하셨다. "여자여, 내 말을 믿어라. 너희가 아버지께, 이 산에서 예배를 드려야 한다거나, 예루살렘에서 예배를 드려야 한다거나, 하지 않을 때가 올 것이다. 너희는 너희가 알지 못하는 것을 예배하고, 우리는 우리가 아는 분을 예배한다. 구원은 유대 사람들에게서 나기 때문이다. 참되게 예배를 드리는 사람들이 영과 진리로 아버지께 예배를 드릴 때가 온다. 지금이 바로 그때이다. 아버지께서는 이렇게 예배를 드리는 사람들을 찾으신다. 하나님은 영이시다. 그러므로 하나님께 예배를 드리는 사람은 영과 진리로 예배를 드려야 한다." 여자가 예수께 말했다. "나는 그리스도라고 하는 메시아가 오실 것을 압니다. 그가 오시면, 우리에게 모든 것을 알려 주실 것입니다." 예수께서 말씀하셨다. "너에게 말하고 있는 내가 그다."

이때에 제자들이 돌아와서, 예수께서 그 여자와 말씀을 나누시는 것을 보고 놀랐다. 그러나 예수께 "웬일이십니까?" 하거나, "어찌하여 이 여자와 말씀을 나누고 계십니까?" 하고 묻는 사람이 한 사람도 없었다. 그 여자는 물동이를 버려 두고 동네로 들어가서, 사람들에게 말하였다. "내가 한 일을 모두 알아맞히신 분이 계십니다. 와서 보십시오. 그분이 그리스도가 아닐까요?" 사람들이 동네에서 나와서, 예수께로 갔다.

그러는 동안에, 제자들이 예수께, "랍비님, 잡수십시오" 하고 권하였다. 그러나 예수께서는 그들에게 말씀하시기를 "나에게는 너희가 알지 못하는 먹을 양식이 있다" 하셨다. 제자들은 "누가 잡수실 것을 가져다 드렸을까?" 하고 서로 말하였다. 예수께서 그들에게 말씀하셨다. "나의 양식은, 나를 보내신 분의 뜻을 행하고, 그분의 일을 이루는 것이다. 너희는 넉 달이 지나야 추수 때가 된다고 하지 않느냐? 그러나 나는 너희에게 말한다. 눈을 들어서 밭을 보아라. 이미 곡식이 익어서, 거둘 때가 되었다. 추수하는 사람은 품삯을 받으며, 영생에 이르는 열매를 거두어들인다. 그리하면 씨를 뿌리는 사람과 추수하는 사람이 함께 기뻐할 것이다. 그러므로 '한 사람은 심고, 한 사람은 거둔다'는 말이 옳다. 나는 너희를 보내서, 너희가 수고하지 않은 것을 거두게 하였다. 수고는 남들이 하였는데, 너희는 그들의 수고의 결실에 참여하게 된 것이다."

그 동네에서 많은 사마리아 사람이 예수를 믿게 되었다. 그것은 그 여자가, 자기가 한 일을 예수께서 다 알아맞히셨다고 증언하였기 때문이다. 사마리아 사람들이 예수께 와서, 자기들과 함께 머무시기를 청하므로, 예수께서는 이틀 동안 거기에 머무르셨다. 그래서 더 많은 사람들이 예수의 말씀을 듣고서, 믿게 되었다.

그 뒤에 유대 사람의 명절이 되어서, 예수께서 예루살렘으로 올
라가셨다. 예루살렘에 있는 '양의 문' 곁에, 히브리 말로 베드자다
라는 못이 있는데, 거기에는 주랑이 다섯 있었다. 이 주랑 안에는
많은 환자들, 곧 눈먼 사람들과 다리 저는 사람들과 중풍병자들
이 누워 있었다. [그들은 물이 움직이기를 기다리고 있었다. 주님
의 천사가 때때로 못에 내려와 물을 휘저어 놓는데 물이 움직인
뒤에 맨 먼저 들어가는 사람은 무슨 병에 걸렸든지 나았기 때문
이다.] 거기에는 서른여덟 해가 된 병자 한 사람이 있었다. 예수께
서 누워 있는 그 사람을 보시고, 또 이미 오랜 세월을 그렇게 보내
고 있는 것을 아시고는 물으셨다. "낫고 싶으냐?" 그 병자가 대답
하였다. "주님, 물이 움직일 때에, 나를 들어서 못에다가 넣어주는
사람이 없습니다. 내가 가는 동안에, 남들이 나보다 먼저 못에 들
어갑니다." 예수께서 그에게 말씀하셨다. "일어나서 네 자리를 걷
어 가지고 걸어가거라." 그 사람은 곧 나아서, 자리를 걷어 가지고
걸어갔다.

그날은 안식일이었다. 그래서 유대 사람들은 병이 나은 사람에
게 말하였다. "오늘은 안식일이니, 자리를 들고 가는 것은 옳지 않
소." 그 사람이 대답하였다. "나를 낫게 해주신 분이 나더러, '네
자리를 걷어 가지고 걸어가거라' 하셨소." 유대 사람들이 물었다.
"그대에게 자리를 걷어 가지고 걸어가라고 말한 사람이 누구요?"
그런데 병 나은 사람은, 자기를 고쳐 주신 분이 누구인지를 알지
못하였다. 거기에는 사람들이 많이 붐비었고, 예수께서는 그 곳을
빠져나가셨기 때문이다. 그 뒤에 예수께서 성전에서 그 사람을 만
나서 말씀하셨다. "보아라. 네가 말끔히 나았다. 다시는 죄를 짓지
말아라. 그리하여 더 나쁜 일이 너에게 생기지 않도록 하여라." 그
사람은 가서, 자기를 낫게 하여 주신 분이 예수라고 유대 사람들

에게 말하였다. 그 일로 유대 사람들은, 예수께서 안식일에 그러한 일을 하신다고 해서, 그를 박해하였다. 그러나 [예수]께서는 그들에게 말씀하셨다. "내 아버지께서 이제까지 일하고 계시니, 나도 일한다." 유대 사람들은 이 말씀 때문에 더욱더 예수를 죽이려고 하였다. 그것은, 예수께서 안식일을 범하셨을 뿐만 아니라, 하나님을 자기 아버지라고 불러서, 자기를 하나님과 동등한 위치에 놓으셨기 때문이다.

예수께서 그들에게 말씀하셨다. "내가 진정으로 진정으로 너희에게 말한다. 아들은 아버지께서 하시는 것을 보는 대로 따라 할 뿐이요, 아무것도 마음대로 할 수 없다. 아버지께서 하시는 일은 무엇이든지, 아들도 그대로 한다. 아버지께서는 아들을 사랑하셔서, 하시는 일을 모두 아들에게 보여 주시기 때문이다. 또한 이보다 더 큰 일들을 아들에게 보여 주셔서, 너희를 놀라게 하실 것이다. 아버지께서 죽은 사람들을 일으켜 살리시니, 아들도 자기가 원하는 사람들을 살린다. 아버지께서는 아무도 심판하지 않으시고, 심판하는 일을 모두 아들에게 맡기셨다. 그것은, 모든 사람이 아버지를 공경하듯이, 아들도 공경하게 하려는 것이다. 아들을 공경하지 않는 사람은, 아들을 보내신 아버지도 공경하지 않는다. 내가 진정으로 진정으로 너희에게 말한다. 내 말을 듣고 또 나를 보내신 분을 믿는 사람은, 영원한 생명을 가지고 있고 심판을 받지 않는다. 그는 죽음에서 생명으로 옮겨갔다. 내가 진정으로 진정으로 너희에게 말한다. 죽은 사람들이 하나님의 아들의 음성을 들을 때가 오는데, 지금이 바로 그때이다. 그리고 그 음성을 듣는 사람들은 살 것이다. 그것은, 아버지께서 자기 속에 생명을 가지고 계신 것같이 아들에게도 생명을 주셔서, 그 속에 생명을 가지게 하여 주셨기 때문이다. 또, 아버지께서는 아들에게 심판하는 권한을 주셨다. 그것은 아들이 인자이기 때문이다. 이 말에 놀라지 말아라.

무덤 속에 있는 사람들이 다 그의 음성을 들을 때가 온다. 선한 일을 한 사람들은 부활하여 생명을 얻고, 악한 일을 한 사람들은 부활하여 심판을 받는다."나는 아무것도 내 마음대로 할 수 없다. 나는 아버지께서 하라고 하시는 대로 심판한다. 내 심판은 올바르다. 그것은 내가 내 뜻대로 하려 하지 않고, 나를 보내신 분의 뜻대로 하려 하기 때문이다."

● 요한복음 8장 1–16절

예수께서는 올리브산으로 가셨다. 이른 아침에 예수께서 다시 성전에 가시니, 많은 백성이 그에게로 모여들었다. 예수께서 앉아서 그들을 가르치실 때에 율법학자들과 바리새파 사람들이 간음을 하다가 잡힌 여자를 끌고 와서, 가운데 세워 놓고, 예수께 말하였다. "선생님, 이 여자가 간음을 하다가, 현장에서 잡혔습니다. 모세는 율법에, 이런 여자들을 돌로 쳐죽이라고 우리에게 명령하였습니다. 그런데 선생님은 뭐라고 하시겠습니까?" 그들이 이렇게 말한 것은, 예수를 시험하여 고발할 구실을 찾으려는 속셈이었다. 그러나 예수께서는 몸을 굽혀서, 손가락으로 땅에 무엇인가를 쓰셨다. 그들이 다그쳐 물으니, 예수께서 몸을 일으켜, 그들에게 말씀하셨다. "너희 가운데서 죄가 없는 사람이 먼저 이 여자에게 돌을 던져라." 그리고는 다시 몸을 굽혀서, 땅에 무엇인가를 쓰셨다. 이 말씀을 들은 사람들은, 나이가 많은 이로부터 시작하여, 하나하나 떠나가고, 마침내 예수만 남았다. 그 여자는 그대로 서 있었다. 예수께서 몸을 일으키시고, 여자에게 말씀하셨다. "여자여, 사람들은 어디에 있느냐? 너를 정죄한 사람이 한 사람도 없느냐?" 여자가 대답하였다. "주님, 한 사람도 없습니다." 예수께서 말씀하셨다. "나도 너를 정죄하지 않는다. 가서, 이제부터 다시는 죄를 짓지 말아라."

예수께서 다시 그들에게 말씀하셨다. "나는 세상의 빛이다. 나를 따르는 사람은 어둠 속에 다니지 아니하고, 생명의 빛을 얻을 것이다." 바리새파 사람들이 예수께 말하였다. "당신이 스스로 자신에 대하여 증언하니, 당신의 증언은 참되지 못하오." 예수께서 그들에게 대답하셨다. "비록 내가 나 자신에 대하여 증언할지라도, 내 증언은 참되다. 나는 내가 어디에서 와서 어디로 가는지를 알고 있기 때문이다. 그러나 너희는 내가 어디에서 왔는지도 모르고, 어디로 가는지도 모른다. 너희는 사람이 정한 기준을 따라 심판한다. 나는 아무도 심판하지 않는다. 그러나 내가 심판하면 내 심판은 참되다. 그것은, 내가 혼자 있는 것이 아니라, 나를 보내신 아버지께서 나와 함께 하시기 때문이다."

● 요한복음 9장 1-41절

예수께서 가시다가, 날 때부터 눈먼 사람을 보셨다. 제자들이 예수께 물었다. "선생님, 이 사람이 눈먼 사람으로 태어난 것이, 누구의 죄 때문입니까? 이 사람의 죄입니까? 부모의 죄입니까?" 예수께서 대답하셨다. "이 사람이 죄를 지은 것도 아니요, 그의 부모가 죄를 지은 것도 아니다. 하나님께서 하시는 일들을 그에게서 드러내시려는 것이다. 우리는 나를 보내신 분의 일을 낮 동안에 해야 한다. 아무도 일할 수 없는 밤이 곧 온다. 내가 세상에 있는 동안, 나는 세상의 빛이다." 예수께서 이 말씀을 하신 뒤에, 땅에 침을 뱉어서, 그것으로 진흙을 개어 그의 눈에 바르시고, 그에게 실로암 못으로 가서 씻으라고 말씀하셨다. ('실로암'은 번역하면 '보냄을 받았다'는 뜻이다.) 그 눈먼 사람이 가서 씻고, 눈이 밝아져서 돌아갔다. 이웃 사람들과, 그가 전에 거지인 것을 보아 온 사람들이 말하기를 "이 사람은 앉아서 구걸하던 사람이 아니냐?" 하였다. 다른 사람들 가운데는 "이 사람이 그 사람이다" 하고 말하는 사람도 더러 있었고, 또 더러는 "그가 아니라 그와 비슷한 사람이다" 하고 말하기도 하였다. 그런데 눈을 뜨게 된 그 사람은 "내가 바로 그 사람이오" 하고 말하였다. 사람들이 그에게 물었다. "그러면 어떻게 눈을 뜨게 되었소?" 그가 대답하였다. "예수라는 사람이 진흙을 개어 내 눈에 바르고, 나더러 실로암에 가서 씻으라고 하였소. 그래서 내가 가서 씻었더니, 보게 되었소." 사람들이 눈을 뜨게 된 사람에게 묻기를 "그 사람이 어디에 있소?" 하니, 그는 "모르겠소" 하고 대답하였다.

그들은 전에 눈먼 사람이던 그를 바리새파 사람들에게 데리고 갔다. 그런데 예수께서 진흙을 개어 그의 눈을 뜨게 하신 날이 안식일이었다. 바리새파 사람들은 또다시 그에게 어떻게 보게 되었는지를 물었다. 그는 "그분이 내 눈에 진흙을 바르신 다음에 내가 눈을 씻었더니, 이렇게 보게 되었습니다" 하고 대답하였다. 바리새파 사람들 가운데 더러는 말하기를 "안식일을 지키지 않는 것으로 보아서, 그는 하나님에게서 온 사람이 아니오" 하였고, 더러는 "죄가 있는 사람이 어떻게 그러한 표징을 행할 수 있겠소?" 하고 말하였다. 그래서 그들 사이에 의견이 갈라졌다. 그들은 눈멀었던 사람에게 다시 물었다. "그가 당신의 눈을 뜨게 하였는데, 당신은 그를 어떻게 생각하오?" 그가 대답하였다. "그분은 예언자입니다." 유대 사람들은, 그가 전에 눈먼 사람이었다가 보게 되었다는 사실을 믿지 않고, 마침내 그 부모를 불러다가 물었다. "이 사람이, 날 때부터 눈먼 사람이었다는 당신의 아들이오? 그런데, 지금은 어떻게 보게 되었소?" 부모가 대답하였다. "이 아이가 우리 아들이라는 것과, 날 때부터 눈먼 사람이었다는 것은, 우리가 압니다. 그런데 우리는 그가 지금 어떻게 보게 되었는지도 모르고, 또 누가 그 눈을 뜨게 하였는지도 모릅니다. 다 큰 사람이니, 그에게 물어 보십시오. 그가 자기 일을 이야기할 것입니다." 그 부모는 유대 사람들이 무서워서 이렇게 말한 것이다. 예수를 그리스도라고 고백하는 사람은 누구든지 회당에서 내쫓기로, 유대 사람들이 이미 결의해 놓았기 때문이다. 그래서 그의 부모가, 그 아이가 다 컸으니 그에게 물어보라고 말한 것이다.

바리새파 사람들은 눈멀었던 그 사람을 두 번째로 불러서 말하였다. "영광을 하나님께 돌려라. 우리가 알기로, 그 사람은 죄인이다." 그는 이렇게 대답하였다. "나는 그분이 죄인인지 아닌지는 모릅니다. 다만 한 가지 내가 아는 것은, 내가 눈이 멀었다가, 지금은 보게 되었다는 것입니다." 그래서 그들은 그에게 물었다. "그 사람이 네게 한 일이 무엇이냐? 그가 네 눈을 어떻게 뜨게 하였느냐?" 그는 대답하였다. "그것은 내가 이미 여러분에게 말하였는데, 여러분은 곧이듣지 않았습니다. 그러면서 어찌하여 다시 들으려고 합니까? 여러분도 그분의 제자가 되려고 합니까?" 그러자 그들은 그에게 욕설을 퍼붓고 말하였다. "너는 그 사람의 제자이지만, 우리는 모세의 제자이다. 우리는 하나님께서 모세에게 말씀하셨다는 것을 알고 있다. 그러나 그 사람은 어디에서 왔는지 우리는 알지 못한다." 그가 그들에게 대답하였다. "그분이 내 눈을 뜨게 해주셨는데도, 여러분은 그분이 어디에서 왔는지 모른다니, 참 이상한 일입니다. 하나님께서는 죄인들의 말은 듣지 않으시지만, 하나님을 공경하고 그의 뜻을 행하는 사람의 말은 들어주시는 줄을, 우리는 압니다. 나면서부터 눈먼 사람의 눈을 누가 뜨게 하였다는 말은, 창세로부터 이제까지 들어 본 적이 없습니다. 그가 하나님께로부터 오신 분이 아니라면, 아무 일도 하지 못하셨을 것입니다." 그들은 그에게 말하였다. "네가 완전히 죄 가운데서 태어났는데도, 우리를 가르치려고 하느냐?" 그리고 그들은 그를 바깥으로 내쫓았다.

바리새파 사람들이 그 사람을 내쫓았다는 말을 예수께서 들으시고, 그를 만나서 물으셨다. "네가 인자를 믿느냐?" 그가 대답하였다. "선생님, 그분이 어느 분입니까? 내가 그분을 믿겠습니다." 예수께서 그에게 말씀하셨다. "너는 이미 그를 보았다. 너와 말하고 있는 사람이 바로 그이다." 그는 "주님, 내가 믿습니다" 하고 말하고서, 예수께 엎드려 절하였다. 예수께서 또 말씀하셨다. "나는 이 세상을 심판하러 왔다. 못 보는 사람은 보게 하고, 보는 사람은 못 보게 하려는 것이다." 예수와 함께 있던 바리새파 사람들이 이 말씀을 듣고 나서 말하였다. "우리도 눈이 먼 사람이란 말이오?" 예수께서 그들에게 말씀하셨다. "너희가 눈이 먼 사람들이라면, 도리어 죄가 없을 것이다. 그러나, 너희가 지금 본다고 말하니, 너희의 죄가 그대로 남아 있다."

진정한 행복의
두 가지 조건

들어가며

1 이번 과에서는 우리의 실존적 추구에 대한 이야기를 다루고자 합니다. 인간의 가장 보편적인 필요라 할 수 있는 실존적 필요에서부터 하나님에 대한 이야기를 시작하려 합니다. 그분은 우리가 추구하는 삶에 대해 충분한 답을 주시는 분이기 때문입니다. 그 이야기를 하기 전에 이런 질문을 생각해 보려 합니다. 당신이 가장 행복했던 때는 언제였습니까? 그때의 행복이 지금까지 계속되고 있다면, 그 이유는 무엇일까요?

행복, 모든 인간의 소망

2 모든 인간은 행복하기를 원하고 또 실제로 행복을 추구합니다. 심지어 이 행복을 추구하는 사람들의 방식마저도 비슷합니다. 행복을 추구하는 세상 사람들의 방식에는 어떤 것들이 있는지 대표적인 것들을 이야기해 보십시오.

● 행복을 위한 네 가지 추구(4P: 4 Pursuits)

- Pleasure(쾌락)
- Prestige(명예)
- Power(힘, 권력)
- Property(재산)

"대중매체와 상업 광고들은 우리에게 이런 것들이 있으면 행복해
질 것이라고 계속해서 충동질하고 세뇌합니다.…달걀로 바위를
깨뜨리려는 시도 같지만, 저는 단호하게 이야기해야 할 것 같습니
다. 이런 것들을 갖는다고 해서 행복을 얻지는 못한다고 말입니
다." _pp.56, 60.

진정한 행복의 두 가지 조건

3 일반적으로 사람들이 추구하는 행복과는 달리, 저자는 행복의 조건을 어떻
게 말하고 있습니까?

● 무조건적인 사랑

● 삶의 의미와 목적

4 행복을 얻기 위한 네 가지 추구 중 당신에게 가장 설득력 있게 다가오는 항목은 무엇인지, 또 그것이 정말 당신을 행복하게 해 줄 것이라고 생각하는지 이야기해 보십시오.

5 진정한 행복을 얻기 위해 '무조건적인 사랑'과 '삶의 의미와 목적'이 필요하다는 말에 동의하십니까? 당신은 이 두 가지를 어디서 얻을 수 있다고 생각하십니까? 또 어디에서 찾고 있습니까?

"세상은 쾌락, 명예, 권력, 재산, 이런 것들을 가지면 행복해진다고 말하며, 여러 종류의 모조품 행복과 그것을 누릴 수 있는 장난감으로 우리를 기만합니다. 그러나 하나님은 우리에게 무조건적인 사랑과 삶의 의미를 주고 싶어 하신다고 성경은 말합니다. 인간을 만드신 하나님이, 인간에게 정말 필요한 것이 이 두 가지이고, 이것을 제대로 갖출 때 나머지 쾌락, 명예, 권력, 재산이 자기 자리를 찾게 될 것이라고 말씀하십니다."_pp.64-65

04

하나님이 만드신 세상과
오늘날 우리의 세상

1 이제 본격적으로 기독교의 기본적인 진리, 하나님께서 인간에게 알려 주고 싶어 하시는 진리에 대해 이야기해 보려고 합니다. 하나님께서 세상과 우리를 지으신 원래 계획(Original Plan)은 무엇이었는지, 그런데 우리가 경험하는 세상은 왜 이렇게 오늘과 같은 모습이 되었는지, 또 우리가 살고 있는 이 세상에서 하나님은 이 문제를 어떻게 해결해 나가시는지, 그리고 우리 인간은 하나님의 이 회복에 어떤 식으로 반응할 수 있을지에 대해서 하나씩 다뤄 보려고 합니다. 먼저 '당신이 알고 있는' 기독교를 간략하게 들려주시겠어요?

하나님의 원래 계획

2 우리가 실존적으로 경험하고 있는 현재의 세상과 우리의 문제들을 이야기하기 전에, 먼저 하나님이 세상을 원래 어떻게 만드셨는지 아는 것이 필요합니다. 성경은 그분의 '처음 계획'이 어떤 것이었다고 말합니까?

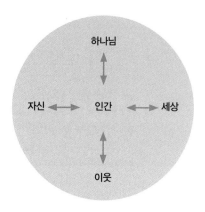

● 계획 1: 하나님과의 관계

인간은 하나님과 _____를 맺을 수 있는 유일한 존재로 만들어졌습니다.

> "주 너의 하나님이 너와 함께 계신다. 구원을 베푸실 전능하신 하나님이시다. 너를 보고서 기뻐하고 반기시고, 너를 사랑으로 새롭게 해 주시고, 너를 보고서 노래하며 기뻐하실 것이다"(스바냐 3장 17절).

> "예수께서 그에게 말씀하셨다. '네 마음을 다하고, 네 목숨을 다하고, 네 뜻을 다하여, 주 너의 하나님을 사랑하여라' 하였으니, 이것이 가장 중요하고 으뜸가는 계명이다"(마태복음 22장 37-38절).

● 계획 2: 자신과의 관계

인간은 _____을 사랑할 수 있는 존재로 만들어졌습니다.

> "둘째 계명도 이것과 같은데, '네 이웃을 네 몸같이 사랑하여라'
> 한 것이다"(마태복음 22장 39절).

● 계획 3: 이웃과의 관계

인간은 자신의 _____을 사랑할 수 있는 존재로 만들어졌습니다.

> "서로 사랑하여라. 내가 너희를 사랑한 것같이 너희도 서로 사랑
> 하여라"(요한복음 13장 4절).

● 계획 4: 세상과의 관계

인간은 _____을 사랑하며 '경영'하는 일을 하도록 만들어졌습니다.

> "생육하고 번성하여 땅에 충만하여라. 땅을 정복하여라. 바다의
> 고기와 공중의 새와 땅 위에서 살아 움직이는 모든 생물을 다스
> 려라"(창세기 1장 28절).

3 우리가 살고 있는 세상은 불행하게도 하나님의 처음 계획과는 달리, 모든 관계들이 깨져 버렸습니다. 우리의 실상은 어떠합니까?

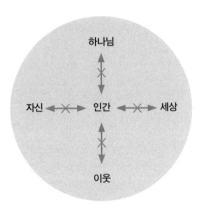

● 하나님과의 관계

● 자신과의 관계

● 이웃과의 관계

● 세상과의 관계

"인간은 우리 개개인의 불행과 사회의 갈등, 생태계의 위기 같은 문제들을 바라보며, 교육이 부족해서, 물질적으로 풍요롭지 못해서, 경제적인 억압구조 때문에, 정치적으로 부조리한 권력 때문이라 생각하고, 인류 역사 내내 다양한 방법들로 인간이 본질적으로 가지고 있는 다양한 문제를 해결하려고 애를 써 왔습니다. 그로 인해 인류가 긴 역사를 통해서 여러 부분에서 진보를 이룩한 것은 사실이지만, 진보한 만큼 또 다른 문제들이 일어나고, 우리는 여전히 수많은 문제에서 벗어나지 못하고 있습니다."_pp.90-91

나눔을 위한 질문

4 하나님의 '원래 계획'에 대해 듣고 나니 어떤 생각이 들었나요? 하나님이 계획하신 네 가지 온전한 관계의 모습과 비교할 때, 우리의 삶은 어떠한가요?

5 당신은 우리가 살고 있는 세상이 '깨져 있다'는 말에 동의하십니까? 어떤 면에서 이 세상의 깨짐을 절감합니까? 이 문제를 해결하기 위해 당신은 무엇을 하고 있습니까? 그 노력의 효과는 어떠했나요? 우리에게 정말 문제를

해결할 능력이 있을까요?

"세상이 원래 그렇다고 어쩔 수 없이 받아들이면서도, 우리는 우리 속에 간절한 갈망이 있다는 것을 발견합니다. 오늘 나는 어떻게 살아야 할지, 어떻게 삶의 목적과 진정한 사랑을 만날 수 있을지 고민합니다. 왜 우리는 이 고귀한 것을 얻기를 간절히 원하지만 얻지 못하는 것일까요?." _p.91

05

세상이 깨진 이유와
죄의 본질

들어가며

1 인간은 모두 사랑받고 사랑하고 싶어 하고, 가치와 목적이 있는 삶을 살기 원합니다. 하지만 안타깝게도 우리가 사는 세상은 이런 우리 모두의 간절한 소망이 이루어지는 곳이기보다는 오히려 절망을 경험하는 곳입니다. 인류가 그토록 보편적인 행복을 추구하지만, 세상은 여전히 여러 가지 문제들로 몸살을 앓고 있습니다. 조화로워야 할 여러 관계들은 깨지고, 왜곡되고, 뒤틀려 있습니다. 그렇다면 이 모든 문제의 원인이 어디에 있다고 보십니까?

성경이 설명하는 깨진 세상의 원인, 죄

2 성경은 우리가 경험하는 이 모든 깨짐의 원인을 '죄'라고 말합니다. 당신은 죄를 무엇이라고 생각하십니까? 그리고 성경은 죄를 무엇이라고 말하고 있습니까?(참고. 디모데후서 3장 1-4절).

● 내가 생각하는 죄

● 성경이 말하는 죄: S Ⓘ N

> "하나님이 우리 인간과 세상을 만드셨습니다. 세상의 중심에 하나님이 계시고, 이 하나님이 우주 만물의 존재 원칙과 질서를 세우셨을 뿐 아니라, 지금도 세상이 유지될 수 있도록 붙들고 계신다고 성경은 이야기합니다. 그런데 우리는 이 하나님을 우주와 우리 사회와 내 인생의 중심에서 몰아내 버리고, 우리 자신이 모든 것의 중심이 되어 버렸습니다. 의식적이든 무의식적이든 이렇게 하나님을 하나님의 자리에서 몰아내고, 자신이 그 중심에 서 있는 것을 성경은 죄라고 말합니다." _p.97

3 '나 중심주의'를 인간 편에서 묘사하자면, 하나님과의 인격적 관계가 깨져 버림으로 인간의 본질적 특성을 상실한 것이라 할 수 있고, 하나님 편에서 표현하자면 우리를 특별한 존재로 만드시고 사랑을 나누기 원하시는 하나님을 무시하는 것이기도 합니다. 만약 인격적인 존재인 인간이 계속해서 창조자인 하나님을 무시하고, 그분이 세우신 원칙도 무시한다면 우리의 삶, 우리의 사회와 문화, 나아가 인류 전체에 어떤 영향을 미치게 될까요?

"하나님을 무시하는 태도는 우리의 현재 삶에 심각한 영향을 끼칩니다. 하나님은 우주를 대충 만들어 놓으신 것이 아니라 하나님의 법도에 따라서 만들어 놓으셨습니다.…이러한 원리들을 무시하면 가장 먼저 자신에게 손해가 옵니다. 그 다음에는 가장 가까이에 있는 사람들에게 피해를 줍니다. 또 이러한 죄는 사회적으로나 문화적으로, 더 나아가 생태적으로 쌓여서 인류 전체에 심각한 영향을 끼칩니다. 이것이 죄의 치명적인 모습입니다." pp.104-107

죄에 대한 심층적인 설명

4 나무의 잎사귀와 꽃, 열매, 그리고 뿌리의 관계는 죄를 어떻게 심층적으로 설명해 줍니까? 아래 그림을 가지고 설명해 보십시오.

● 죄의 열매

● 죄의 줄기

● 죄의 뿌리

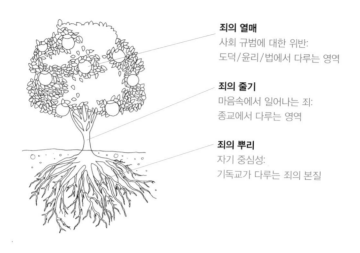

죄의 열매
사회 규범에 대한 위반:
도덕/윤리/법에서 다루는 영역

죄의 줄기
마음속에서 일어나는 죄:
종교에서 다루는 영역

죄의 뿌리
자기 중심성:
기독교가 다루는 죄의 본질

나눔을 위한 질문

5 모든 문제의 근원인 '죄'가 본질적으로 '나 중심주의'(I-centeredness)라는 서술에 대해서 당신은 어떻게 생각하십니까?

6 하나님이 주인인 이 세상에서, 하나님이 주신 내 인생을 가지고, 하나님 없이 살아가는 것이 정말 가능할까요? 당신의 과거와 현재를 정직하게 돌아보십시오. 당신의 삶의 주인은 누구였으며, 어떠한 삶의 여정을 걸어왔습니까? 당신은 스스로를 죄인이라고 생각하십니까? 어떤 점에서 그렇게 생각하십니까? 그렇지 않다면, 어떤 점에서 그렇지 않다고 생각하십니까?

"우리가 다시 한 번 생각해 봐야 할 것은 다름 아닌, '나는 정말 죄인인가? 세상에서 얘기하는 도덕적인, 사회 윤리적인 죄인이 아니라 성경에서 얘기하는 그 죄인인가? 나는 하나님 없이 내 소견에 옳은 대로 살고 있는 존재인가? 이렇게 하나님 없이 내가 주인인 삶을 계속 살아도 정말 괜찮겠는가?' 하는 것입니다. 이런 진실한 고민이 있을 때, 하나님의 해결책이 의미 있기 때문입니다." _ pp.117-118

06

하나님의 해결책과
나의 응답

들어가며

1 세상에서 매일 일어나고 있는 끔찍하고 아프고 혼란스럽고 고통스러운 일들의 원인을 성경은 '죄'라고 진단합니다. 하나님이 나와 세상의 중심이 되어야 하는데, 의식적이든 무의식적이든 나 자신이 그 자리를 찬탈하여 하나님 자리에 있는 것이 문제의 근원이고, 여기에서 우리 인간의 비극이 다각도로 나타나게 되었다는 것이지요. 성경은 결국 인간 스스로가 이 문제를 해결할 수 없음을 아시고 근본적인 해결책을 주셨다고 말합니다. 그 해결책은 무엇일까요?(요한복음 3장 16절)

> "하나님은 이런 인간을 보시고, 우리 죄의 대가를 우리에게 지우실 수 있었습니다. 아니, 그렇게 책임을 묻는 것이 정의로운 하나님께는 당연한 일이었습니다. 그러나 성경의 하나님은 인간 스스로가 이 문제를 해결할 수 없음을 아셨습니다. 그래서 자신이 이 문제를 근본적으로 해결하기로 결단하십니다. 하나님이 스스로 인간이 되어 이 땅에 오셔서 우리 인간의 문제를 해결하기로 하신 것입니다. 우리 능력으로는 하나님을 알 수 없는 우리의 한계, 그리고 죄로 인해 하나님과 깨진 관계를 하나님이 해결하려고 하십니다." _pp.122-123

하나님의 해결책

2 예수님은 자기 자신이 깨진 세상의 모든 문제에 대한 '하나님의 해결책'이라고 주장했습니다. 그렇다면 어떤 면에서 예수님이 하나님의 해결책이라고 말할 수 있을까요?

● 예수님이 하신 일 1: 하나님이 어떤 분이신지 _____

"일찍이, 하나님을 본 사람은 아무도 없다. 아버지의 품속에 계신 외아들이신 하나님께서 하나님을 알려 주셨다"(요한복음 1장 18절).

● 예수님이 하신 일 2: 인간을 대신하여 _____

"나도 전해 받은 중요한 것을 여러분에게 전해 드렸습니다. 그것은 곧, 그리스도께서 성경대로 우리 죄를 위하여 죽으셨다는 것과, 무덤에 묻히셨다는 것과, 성경대로 사흘날에 살아나셨다는 것과, 게바에게 나타나시고 다음에 열두 제자에게 나타나셨다고 하는 것입니다.…그러나 이제 그리스도께서는 죽은 사람들 가운데서 살아나셔서, 잠든 사람들의 첫 열매가 되셨습니다"(고린도전서 15장 3-4, 20절).

3 예수님의 죽으심과 부활하심으로 우리에게는 하나님 앞에 설 수 있는 자격이 주어졌습니다. 하나님을 의식적, 무의식적으로 배반하려던 우리가 더 이상 현재와 미래의 심판을 두려워하지 않고 하나님의 사랑을 받을 수 있는 존재가 된 것입니다. 하나님으로부터 받은 가장 중요한 두 가지는 무엇일까요?

● 무조건적인 _____

● 궁극적인 삶의 _____

"저는…우리가 일종의 여행을 하고 있다고 이야기했습니다. 그 인생 여행은 먼저 나를 향한 하나님의 사랑을 발견하고, 그 사랑이 우리의 메말랐던 영혼, 갈가리 찢겨졌던 영혼에 채워져, 우리가 살아나는 것으로 시작됩니다. 그렇게 되면 우리 주변 사람들을 사랑하게 되고, 더 나아가 하나님의 선하신 다스림 아래서 내 삶의 의미를 발견해 가면서 꿈을 꾸고 뭔가 시도하고, 이 아프고 깨진 세상 속에서 일하시는 하나님과 더불어 사람들과 세상을 치료하고 회복하고 보듬는 삶을 살아가게 됩니다." pp.134-135

4 인생의 참 의미를 찾아가는 과정이 아름다운 여행이 되기 위해서는 먼저 하나님께 인격적으로 반응해야 합니다. 인격적이신 하나님은 우리를 인격적으로 지으셨기에, '진리'를 찾아가는 이 여행에 우리를 강제로 끌어들이지 않으십니다. 하나님께서는 계속해서 우리에게 여러 가지 초청 메시지를 보내시지만 결국 반응은 우리가 해야 합니다. 복음에 대한 바람직한 반응은 무엇일까요?

● 그 동안 스스로 내 인생의 주인 노릇 하려 했음을 정직하게 인정하기

● 나를 위해 하나님이 대신 죽어 주셨다는 것을 받아들이기

● 하나님을 내 인생의 주인으로 영접하기

복음을 들은 사람들이 취할 수 있는 다섯 가지 반응

5 지금까지 기독교의 기본 진리, 성경이 우리에게 전하는 가장 본질적인 메시지를 나누었습니다. 하나님의 무조건적인 사랑과, 그분이 주시는 삶의 목표와 의미를 찾을 수 있는 사랑 이야기, 곧 복음을 다 들었습니다. 이 '기쁜 소식(Good News)'을 들었을 때 사람들이 일반적으로 보이는 다섯 가지 반응은 무엇일까요?

- **Rejoice(기쁨)**
  : 이미 알고 있는 복음이지만 들을 때마다 기쁘고 감사합니다.

- **Recommit(재헌신)**
  : 복음을 듣고 이해하니, 새로운 헌신의 다짐이 생깁니다.

- **Receive(영접)**
  : 예, 이 시간 예수님을 나의 주님으로 영접합니다.

- **Research(탐구)**
  : 복음과 진리에 대해 조금 더 알고 싶은 마음이 생깁니다.
    아직은 시간이 더 필요합니다.

- **Reject(거절)**
  : 감사합니다만, 복음이 저에게는 큰 의미가 없는 것 같습니다.
    아직 예수님을 삶의 주인으로 받아들일 준비가 되지 않았습니다.

6 여섯 과에 걸쳐 우리가 함께 이야기했던 기독교의 기본 진리를 정리해 보겠습니다. 이것은 복음을 통해서 우리가 누리게 될 '풍성한 삶'으로의 첫걸음, 출발점인 동시에 그리스도인의 믿음의 뼈대이기도 합니다. 새롭게 알게 된 내용이나 여전히 받아들이기에 걸림돌이 되고 있는 부분이 있습니까?

● **첫째, 하나님께서 온 세상과 나의 주인이십니다.**

● **둘째, 인간의 모든 문제는, 하나님을 몰아내고 자신이 주인 자리에 앉음(죄)으로 비롯되었습니다.**

● **셋째, 이 죄의 문제를 해결하기 위해, 하나님께서 사람이 되어 오셔서 사람을 대신하여 죽으셨습니다.**

● **넷째, 이 사실을 받아들인 사람은, 하나님을 자기 인생의 주인으로 모셔 들입니다.**

7 하나님은 인간을 멀리 떠나 무관심하게 팔짱 끼고 구경하는 신이 아닙니다. 2천 년 전에 십자가의 부활을 통해 인간 역사에 개입하신 하나님은, 지금도 이 세상 속에서 일하고 계십니다. 하나님의 해결책과, 하나님께 인격적으로 반응할 때 우리에게 주어지는 복을 들었을 때 어떤 느낌이 들었습니까?

8 하나님은 우리에게 그분의 사랑 이야기를 들려주시고 우리의 인격적 반응을 기다리십니다. 당신은 위의 다섯 가지 반응 중 어느 것을 선택하시겠습니까? 그 이유는 무엇입니까? 인격적 결단을 내리고, 인도자와 함께 나누십시오.

> "저는 여러분 모두가 세상에서 가장 아름다운 여행이라 부를 수 있는, 하나님과 함께하는 삶에 동참하시길 소원합니다. 하나님의 무조건적인 사랑을 받아들여 이 깨지고 상처받은 세상에서 누구보다도 먼저 회복되시길 기대합니다." _p.147.

07

계속되는
우리의 여행

들어가며

1 지난 장에서 우리는 무조건적인 사랑과 인생의 목적은 우리 인간을 향한 하나님의 원래 계획이 회복될 때에만 주어지며, 이 회복은 인간이 되어서 우리에게 오신 예수님이 계시기 때문에 가능하다는 사실을 나누었습니다. 그리고 이 예수 그리스도를 통한 하나님의 초청에 어떻게 반응할 것인지 이야기했습니다. 이제 우리의 여행을 마무리하면서, 여러분이 선택한 반응과 관련하여 마지막으로 몇 가지 이야기를 나누려고 합니다.

> "예수님을 주인으로 영접한다는 것은 지금까지와는 다른 삶을 살고 싶고, 또 그러겠다는 결단입니다.…나를 중심으로 세상이 돌고 있다는 '천동설적 인식'에서, 하나님을 중심으로 살겠다는 '지동설적 인식'으로 전환하는 것이니, 감히 '코페르니쿠스적 혁명'이라고 할 수 있습니다." _pp.152-153

2 우리 중에는 복음을 들었음에도 이런저런 이유로 아직 하나님의 초청을 받아들일 준비가 되지 않았다고 생각하는 사람들이 있습니다. 이들이 '탐구'를 선택하는 이유로는 어떤 것들이 있을까요?

● _____ 장애물

● 기독교와 교회, 그리스도인들에 대한 _____

● 자신에게 닥친 _____

3 하나님을 믿는 것은 단지 종교를 선택하는 것, 마음의 수양을 하는 것 정도가 아니라, 삶의 방향을 바꾸는 것입니다. 따라서 진실한 탐구가 필요합니다. 진지한 탐구를 위한 방법은 어떤 것들이 있을까요?

"탐구를 택하신 분들을 하나님을 만나고 알아가기 위해 시간을 꼭 내십시오.…예수가 과연 누구인지, 나 자신에게는 어떤 분으로 다가오시는지 질문하며 깊이 생각하십시오.…하나님은 진실하게 찾는 이들에게 응답하겠다고 약속하셨기 때문입니다." _pp.159-160

4 좋은 여행이 되기 위해서는 믿을 만한 지도와 인도자, 그 인도자에 대한 신뢰와 함께 동반자(길벗)가 필요합니다. 놀라운 영적 여행에 들어선 사람에게 그 각각에 해당하는 것은 무엇일까요?

● 지도

● 인도자

● 인도자에 대한 신뢰

● 동반자

5 위의 네 가지 요소를 귀하게 여기며 영적 여정을 시작하면 영적으로 자라기 시작합니다. 우리가 생물학적으로 유아기, 아동기, 청년기를 거쳐 아이를 낳고 양육하는 부모가 되어 가는 것처럼, 영적으로도 이렇게 성장해 갑니다. '풍성한 삶으로의 초대' 과정을 통해 재헌신하는 사람은 아마 영적으로 자라다가 어느 시점에서 그 성장이 멈추거나 퇴보한 이들일 것입니다. 지금 당신은 '영적 아이', '영적 청년', '영적 부모' 중 어디에 와 있으며, 그 이유는 무엇

일까요?

> "영적 여행은 영적 아이로 시작합니다. 복음의 기본 뼈대를 받아
> 들이고 예수님을 마음에 주인으로 영접하면, 영적 생명이 막 시작
> 된 영적 아이라고 할 수 있습니다. 영적 아이에게 가장 필요한 것
> 은 하나님의 사랑입니다." _p.171

나눔을 위한 질문

6 지난 장에서 당신이 택한 반응에 따라, 이제 어떻게 예수님에 대해 더 알아
갈 계획을 세우시겠습니까? 혹은 영적 성장의 필수 요소 네 가지를 어떻게
실제적인 삶에서 누리시겠습니까?

7 당신이 꿈꾸는 영적 여정은 어떤 것입니까? 어떤 모습으로 성장하고 싶으
십니까? 하나님은 어떻게 우리로 이 꿈을 이루게 하시리라고 생각하십니까?

8 하나님께서 우리 모두에게 주고자 하시는 것은 요한복음 10장 10절의 말씀처럼 "풍성한 삶"입니다. 이것으로 대표되는 성경의 핵심 진리는 우리가 예수 그리스도 안에 거하면서 누리게 되는 축복을 뜻합니다. "예수 그리스도 안에 있게 되었다"는 바울식 표현을 사도 요한은 "영생을 얻어 누리며 살아간다"라고도 표현합니다. 예수님은 동일한 내용을 마태, 마가, 누가복음에서 이렇게 말씀하십니다. "이미 임한 하나님나라의 백성이 되어서 온전하게 임할 하나님의 나라를 기다리며 살아가라." 이러한 삶으로 당신을 초대합니다.

> "흠 많고 부족한 우리를 부르셔서 이 놀라운 삶을 살게 하시는 하나님의 사랑은 얼마나 깊고도 놀랍습니까? 이제 이 놀라운 길을 걸어가기로 결단하신 여러분, 여러분도 이 길을 열심히 걸어가셔서, 또 다른 사람들의 안내자가 되어 주십시오." _p.174

기독교와 성경에 대한 21가지 FAQ

1. 하나님이 계시다는 것을 증명할 수 있습니까?

제 친구들이 가끔 이런 질문을 합니다. "하나님이 계시다는 것을 증명해 봐라, 그러면 내가 믿겠다." 그럼 전 이렇게 대답하지요. "내가 하나님이 계시다는 것을 증명하는 대신, 네가 하나님이 계시지 않다는 것을 증명하면 내가 하나님을 믿지 않겠다." 하나님이 계시다, 계시지 않다 하는 것은 증명의 문제가 아닙니다. 이것은 우리 각자가 가지고 있는 전제의 문제입니다. 신념의 문제라고 말할 수 있습니다. 이것을 세계관이라고 얘기하는 사람도 있고 혹자는 준거 틀이라고도 말합니다. 그러니까 하나님이 계시다 안 계시다, 존재한다, 존재하지 않는다는 것은, 각자가 선택한 신념입니다. 거기서 이제 하나님이 있다고 보는 것이 더 유익할 것인가 그렇지 않다고 보는 것이 의미 있는지는 각자 선택해야 할 문제겠지요. 하나님이 계시다는 것은 증명할 수 없습니다. 하지만 계시지 않다는 것 역시 증명할 수 없습니다.

참고서적 《진리의 기독교》 노먼 가이슬러 & 프랭크 튜렉 | 좋은씨앗 | 2009 | 3-7장
《백만장자의 마지막 질문》 김용규 | 휴머니스트 | 2013 | 1장

2. 선하신 하나님이 왜 이 땅의 이토록 많은 고통을 해결하지 않습니까?

세상에는 고통이 너무 많습니다. 불교식으로 얘기한다면, 고통의 바다 속에서 어떻게 인생을 살 것인가 허우적대는 모습이 바로 우리 인간의 실상이라고도 할 수 있지요. 극단의 어려움을 겪고 있는 사람들을 보면, 왜 하나님은 이런 문제를 즉시 해결해 주시지 않는지 의아합니다. 고통과 고난은 인간에게 매우 절실한 문제인데, 하나님은 이 문제를 즉시 해결해 주지 않으시는 것 같습니다. 그러나 하나님은 독생자 아들 예수 그리스도를 이 땅에 보내셨는데, 이는 인간이 겪고 있는 고통의 문제를 근원적으로 해결해 주시기 위한 것이었습니다. 그리고 성경은 이 예수 그리스도가 다시 오신다고 말합니다. 예수 그리스도가 다시 오시는 것을 통해 이 문제를 궁극적으로 해결하신다고 하지요. 그러므로 예수께서 이 땅에 오신 것과 다시 오실 것의 의미가 무엇인지 진지하게 질문하고 답변을 얻어 가는 것이 기독교 신앙이라고 말할 수 있습니다.

참고서적 《고통의 문제》 C. S. 루이스 | 홍성사 | 2002
《특종! 믿음 사건》 리 스트로벨 | 두란노 | 2011 | pp.31-65

3. 선하신 하나님이 왜 천국과 지옥을 만들었습니까?

사람들은 천국과 지옥에 대한 질문을 많이 합니다. 사실 천국과 지옥에 대해서는 아무리 설명을 해도 이해하기가 어렵습니다. 우리는 흔히 천국과 지옥을 일종의 공간 개념으로 생각하며 그 한도 내에서 추측하는 경향이 있지만, 천국과 지옥에 대해서는 이 정도로 이야기할 수 있습니다. 천국은 살아 있는 동안 하나님과 영원히 함께하겠다고 결정한 사람들이 영원토록 하나님과 함께 있는 곳이고, 지옥은 하나님을 거절한 사람들이 하나님 없이 영원을 사는 곳이라 할 수 있습니다. 그것이 어떤 형식으로 만들어져 있는지, 또 영원이라고 하는 것이 무엇인지 등은 우리가 알 도리가 없습니다. 그것은 우리 인식의 한계를 넘어서는 부분입니다. 그러나 매우 중요한 천국과 지옥의 갈림길은 하나님과 함께 있는가, 함께 있지 않은가입니다. 그리고 그것을 결정하는 것은 우리가 살아 있는 동안 각자 한 선택입니다. 하나님이 사람을 이리로 보내고 저리로 보내는 것이 아닙니다. 그러므로 사실 천국과 지옥은 우리 모두가 누구든지 자기의 선택에 따라 갈 수 있는 곳이라고 말할 수 있습니다.

참고서적 《특종! 믿음 사건》 리 스트로벨 | 두란노 | 2011 | pp.189-216

4. 하나님은 왜 선악과를 만들어서 죄를 짓게 하셨습니까?

성경을 읽으면서 많은 사람들이 이런 질문을 합니다. 인간이 따먹을 줄 아셨으면 왜 하나님은 선악과를 만들어서 곤경에 빠트렸냐고 묻습니다. 선악과는 철학적으로도 깊이 생각해 봐야 합니다. 그러나 가장 중요한 점은 선악과가 하나님 앞에서 인간이 자유의지를 가진 존재임을 천명해 준다는 사실입니다. 에덴동산에서 인간은 뭐든 다 할 수 있었습니다. 단 하나, 선악과를 따먹지 말라는 조항만 있었습니다. 이 조항을 지키지 않음으로써 하나님의 뜻에 역행할 수 있었습니다. 선악과는 에덴동산 한가운데 있었기 때문에 실수로 따먹을 일도 없었습니다. 선악과가 에덴동산 한가운데 있었다는 것은 인간 스스로의 의지로 하나님께 순종한다는 상징적인 의미가 있는 것입니다. 그런데 인간은 다른 모든 자유가 주어져 있었음에도 이 선악과를 따먹어서 하나님보다 더 큰 존재, 하나님과 같은 존재가 되고자 시도했던 것이지요. 이는 하나님이 가장 기뻐하지 않는 것입니다. 인간의 자리를 이탈해 신의 자리로 가려고 하는 것, 할 수도 없고 해서도 안 되는 일을 인간은 선악과를 따먹는 행위를 통해 했던 것입니다. 동물과 달리 인격을 가진 인간은 인지적으로 이해한 후 의지적으로 결단해서 그 결단에 대해 책임을 집니다. 하나님이 인간을 그렇게 만드셨습니다. 하나님이 인간에게 선악과를 주신 것은 인간을 인격적 존재로 창조하고 사랑하셔서, 선악과를 통해 인간이 하나님께 인격적으로 반응하도록 하신 것입니다. 만약 선악과가 없었다면 우리는 그저 잘 발달한 동물, 본능에 의해 움직이는 동물 이상이 아니었을 것입니다.

5. 왜 교회 다니는 사람들이 고난을 겪습니까?

사람들은 흔히 하나님을 믿으면, 복을 받아서 고통을 겪지 않고 잘 살 것으로 생각합니다. 그러나 예수께서 성경에서 천명하셨듯, 하나님은 선인과 악인에게 같이 햇볕과 비를 주시는 분입니다. 기독교인이라고 해서 고난을 덜 받게 된다고 하는 것은 거짓말입니다. 오히려 기독교인이기 때문에 고난을 더 많이 받을 수도 있습니다. 그러면 기독교인이 되는 것의 유익은 무엇일까요? 그것은 이 땅에 살면서 고난을 피할 수 없기에 고난을 겪지만, 고난의 의미를 알고, 고난을 의연하게 이겨 나가고, 고난에 짓눌려버리지 않을 수 있는 소망이 있는 것입니다. 기독교는 아픈 데 반창고를 붙여 주는 간편하고 얄팍한 종교가 아닙니다. 오히려 고난을 통해 인생을 깊이 이해하고 하나님을 알아 가며 궁극적인 소망을 갖는 종교입니다.

참고서적 《생명으로 인도하는 다리》 알리스터 맥그래스 | 서로사랑 | 2013 | pp.199-211
《기독교 교양》 J. I. 패커 | 규장 | 2007 | pp.170-177

6. 과학과 신앙은 양립할 수 있습니까?

과학이 발전하면서 신앙과 갈등을 일으킨 경우가 많습니다. 천동설과 지동설이 대표적이지요. 최근에는 진화론과 관련된 문제도 심각한 문제 중 하나입니다. 물론 겹치는 부분도 있지만, 과학과 신앙은 탐구 대상이 다릅니다. 과학은 우리 눈에 보이고 만질 수 있는 경험 가능한 세계를 대상으로, 인간의 합리적 사고와 반복되는 실험과 인간이 가진 상상력을 사용해 만들어 내는 것입니다. 그래서 처음에는 가설을 세웠다가 그것이 차차 이론으로 정립됩니다. 인간의 지식이 지속해서 발달함에 따라 변화되는 것입니다. 그러나 신앙은 우리 눈에 보이는 세상도 다루지만, 그보다 눈에 보이지 않는 근원적 문제에 답을 줍니다. 눈에 보이지 않는 하나님, 과학으로 이야기할 수 없는 가치와 인생의 의미에 대해 답을 주는 것이 신앙입니다. 그러므로 신앙과 과학은 건강한 긴장 관계를 갖고 상호 도움을 주는 것이 필요합니다. 아인슈타인의 "종교 없는 과학은 맹인과 같고, 과학 없는 종교는 절름발이와 같다"라는 말을 생각해 볼 필요가 있습니다. 과학만으로는 방향을 잡을 수 없고, 종교만으로는 걸어갈 수 없습니다. 이 두 가지는 인간에게 꼭 필요한 것이기에, 겸손하게 서로의 소리에 귀 기울여야 합니다.

참고서적 《특종! 믿음 사건》 리 스트로벨 | 두란노 | 2011 | pp.101-128
　　　　《창조설계의 비밀》 리 스트로벨 | 두란노 | 2005

7. 왜 기독교인들은 다른 종교를 폄하하고 무시합니까?

적지 않은 기독교인들이 다른 종교를 무시하거나 폄하하는 일이 있어서, 그런 일이 일어날 때마다 사과하고 싶기도 하고 죄송한 마음이 듭니다.

종교는 모든 문화의 중심입니다. 도대체 인간의 의미가 무엇인가, 산다는 게 뭔가, 고통 많은 세상에서 어떻게 살아야 하는가, 어떻게 하면 고통으로부터 구원받을 수 있는가 등을 고민하면서 만들어 낸, 깊은 성찰과 사색과 침묵과 기도와 명상 가운데 얻은 진리를 모아 놓은 것이 종교라고 말할 수 있습니다. 종교는 인간 문명의 꽃과 같은 핵심 부분입니다. 그러므로 모든 종교에는 일정량의 진리가 반드시 들어 있습니다. 인간이 암중모색하듯 찾아낸 아주 귀한 진리의 편린들이라고 말할 수 있겠지요. 기독교인들이 다른 종교를 무시하거나 무례하게 행하는 것은 부당한 것입니다. 좀 심하게 말해 자신의 무식을 드러내는 것에 지나지 않는 행위입니다.

참고서적 《진리의 기독교》 노먼 가이슬러 & 프랭크 튜렉 | 좋은씨앗 | 2009 | 13-14장

8. 기독교 외에도 구원이 있습니까?

모든 종교가 가치가 있고 의미가 있다고 하면, 사람들은 바로 "그럼 기독교 외에도 구원이 있다는 말입니까?" 혹은 "왜 기독교인은 기독교에만 구원이 있다고 배타적으로 고집스럽게 말합니까?"라고 묻습니다. 각각의 종교가 서로 존중하는 것은 매우 중요합니다. 그러나 모든 종교를 살펴보면, 관용을 말하는 것처럼 보이는 종교도 내면을 보면 모든 길이 다 구원에 이른다고 말하지 않습니다. 구원에 이르는 길에 대해 각 종교가 다른 주장을 합니다. 만약 그 다른 주장이 없다면, 각각의 종교 자체가 의미가 없겠지요. 불교는 불교대로, 힌두교는 힌두교대로, 회교는 회교대로, 기독교는 기독교대로 '구원의 길은 이런 것이다'라고 설명합니다. 그러므로 모든 종교에 구원이 있다고 말하기보다 이런 주장들에 귀 기울여 보고, 그중에 어떤 것이 내 진실한 질문에 가장 정당한 답변을 주는지 생각해야 합니다. 그리고 실제로 내가 그 길을 갈 때 그런 구원을 얻을 수 있

는지에 대해서도 질문해야 합니다. 관용은 생각만큼 단순하지 않습니다. 불교가 관용을 가장 많이 말한다고 생각할 것입니다. 그러나 불교의 태생을 살펴보면, 힌두교의 한계를 보고 거기서 나와 만들어진 종교라고 할 수 있습니다. 그러므로 불교의 근본적 가르침과 힌두교의 가르침은 공존하기 어려울 수밖에 없겠지요. 모든 종교는 각각 특성이 있고, 동의할 수 없는 근본적인 다른 생각을 가지고 있습니다. 그것을 존중하는 것이 중요합니다. 모든 종교에 구원이 있다고 쉽게 말해버리기보다는, 스스로 어떤 종교가 자기 삶의 의미에 답을 주는지 진실하게 찾아보는 것이 정직한 것이라고 생각합니다.

참고서적 《특종! 믿음 사건》 리 스트로벨 | 두란노 | 2011 | pp.163-187
《생명으로 인도하는 다리》 알리스터 맥그래스 | 서로사랑 | 2013 | pp.211-266

9. 천주교와 기독교의 차이는 무엇입니까?

천주교와 기독교의 차이가 무엇이냐는 질문은 잘못된 것입니다. 천주교와 개신교의 차이가 무엇이냐고 물어야 합니다. 기독교 안에 그리스 정교, 가톨릭, 개신교가 공존하기 때문에 그렇습니다. 각각 같은 하나님을 믿지만 약간 차이점이 있습니다. 천주교와 개신교의 관계에 대해 천주교와 개신교가 설명하는 방식이 각기 다릅니다. 천주교는 베드로라는 1대 교황으로부터 로마 가톨릭에 지속해서 교황이 승계됐다고 주장합니다. 그래서 정통성이 거기에 있다고 얘기하지요. 개신교는 중간에 가톨릭의 한 분파로 만들어졌다고 봅니다. 반대로 개신교는 원시 기독교에서 시작해 초기 300년 동안 순수한 모양을 갖추고 있던 기독교를 로마가 공인해 국교가 된 후 정치적 색깔을 지니게 된 것이 로마 가톨릭이라고 봅니다. 그래서 오랫동안 기독교의 본질에서 벗어나 있었기에 종교개혁을 통해 원래 기독교가 가르치던 본질을 되찾은 것이 개신교라고 합니다. 이것이 역사적 시각의 차이입니다. 이제 실제로 믿는 것에서의 차이점을 단순하게 이야기하면, 개신교는 믿음으로만 구원을 얻는다고 하고, 가톨릭은 믿음으로 구원을 얻지만 행위도 같이 따라야 하므로 믿음과 행위가 둘 다 필요하다고 이야기합니다. 또 개신교에서는 최종 권위가 성경에 있다고 이야기하는 반면, 천주교에서는 최종 권위가 교회와 전통에 있다고 합니다. 이런 점들이 천주교와 개신교의 차이입니다.

10. 왜 한국 사람이 이스라엘의 종교를 믿어야 합니까?

적지 않은 사람들이 기독교는 팔레스타인의 유대인 종교인데, 왜 한국 사람이 이 종교를 믿어야 하느냐고 질문합니다. 물론 한국에도 좋은 사상이 있고 단군 이야기도 있습니다. 그런데 일단 첫 번째 답변은 기독교는 단순히 팔레스타인의 종교가 아니라는 것입니다. 고대 여러 사상에서 아주 중요한 원류가 되는 사상 중 하나이고, 그것이 이스라엘이란 나라 백성을 통해 전수되었고, 예수라고 하는 분과 교회를 통해 인류 보편적인 가치로 발전되었다고 말할 수 있습니다. 이스라엘로부터 시작했지만, 보편적 종교로 인류에게 다가왔기 때문에 단순히 팔레스타인의 종교라고 말하기엔 무리가 있다는 것이지요. 물론 한국에 인간과 삶의 의미를 알려 줄 수 있는 사상과 그런 하나님 또는 신, 진리를 말하는 어떤 놀라운 사상이 있다면 심각하게 고려해 볼 수 있습니다. 그러나 한국에는 아주 좋은 여러 사상이 있지만 이런 본질적인 부분에 대해 답해 주는 사상은 없습니다. 그러므로 여기에서 우리가 어떤 민족주의적인 감정을 가지고 접근할 필요는 없다고 생각합니다. 현존하는 인류 문화에 영향을 끼친 아주 중요한 몇 가지 사상의 뼈대가 된 것들의 핵심 중 하나인 기독교를 그런 각도에서 바라보는 것이 더 균형 있는 시각이 아닐까 생각합니다.

11. 종교가 다른 가족들과 불화하기 싫습니다.

한 가족이 서로 다른 종교를 가지면 심각한 문제가 생긴다는 이야기를 자주 듣습니다. 실제 있는 일입니다. 그것은 아마도 한 가족 안에서 서로의 신앙을 강요하는 데서 온 것이 아닐까 싶습니다. 그런데 모든 종교의 중요한 자세는 상호 존중입니다. 상대방 이야기에 귀 기울이는 것입니다. 고등 종교일수록 그런 특징을 가지고 있습니다. 기독교인 중 일부가 우리가 믿는 하나님을 가족에게 전하고 싶어 너무 강요하다 보니 가족 간에 문제를 일으키는 경우가 가끔 있습니다. 그러나 그것은 지혜로운 방법은 아니라고 생각합니다. 정말 사랑한다면 충분히 듣고 충분히 존중하고 충분히 대화하는 가운데, 인생과 삶의 의미에 대해, 신과 진리에 대해 서로 배우고 알아 가면서 어느 한쪽으로 개종하거나 서로 다른 상태로 더불어 평화를 유지하는 것이 바른 자세라고 생각합니다. 기독교인들의 간절한 마음, 저도 그런 마음을 가지고 있어서 이해가 됩니다. 그러나 강요를 통해 사람들을 진리로, 하나님께로 되돌아오게 할 수는 없습니다. 사랑만이 그 일을 할 수 있습니다.

12. 기독교인은 제사를 드리지 말아야 합니까?

한국의 아름다운 전통 중 하나가 제사라고 생각합니다. 제사와 기독교의 문제는 굉장히 복잡하고 오랜 역사가 있어서 단순하게 이야기할 수는 없습니다. 제사가 만약 종교적 행위로서 종교성을 강하게 갖고 있다면 기독교와 병립할 수 없습니다. 그런데 제사가 종교적인 의미보다 가족 화합과 문화적인 이벤트로, 가족이 모여 서로 돌아보고 선조를 생각하는 문화 행사가 된다면, 그것은 얼마든지 기독교와 함께 갈 수 있습니다. 기독교인은 제사 드리면 절대 안 된다고 확정적으로 말하기보다, 어떤 제사를 어떤 형식으로 드리는지 살펴보고, 또 어떻게 함께 갈 수 있을지에 대해 조금 더 고민해 보면 좋지 않을까 생각합니다. 기독교인은 무조건 제사를 드리지 않는다고 이야기하는 것은 너무 앞뒤가 꽉 막힌 느낌입니다.

13. 착하게 살면 됐지 왜 꼭 하나님을 믿어야 합니까?

기독교인들이 스스로 죄인이라 얘기하고 또 다른 사람들도 죄인이라고 하는 것에 대해 하나님을 믿지 않는 사람들은 굉장히 반발심을 갖습니다. 이 정도면 착하고 진실하게, 성실하게 사는데 왜 자꾸 죄인이라고 해서 죄책감을 불러일으키느냐고 이야기합니다. 사실 그래서 이순신 장군 같은 훌륭한 분도 죄인인가, 이순신 장군은 구원받지 못하는가 등의 질문이 나옵니다. 그런데 그것은 성경에서 얘기하는 죄의 개념과 일상적으로 우리가 생각하는 죄의 개념이 다른 데서 오는 문제입니다. 성경에서 사용하는 단어가 세상에서 사용하는 단어와 똑같은 의미를 갖지 않을 때가 많은데, 그중 하나가 바로 '죄'입니다. 세상에서는 도덕적·사회적으로 지켜야 하는 것을 지키지 않을 때, 그것을 죄라고 합니다. 그런데 종교는 도덕적·사회적인 행위뿐만이 아니라 마음속에서 일어나는 것을 다루며 죄를 얘기합니다. 화나거나 미워한다거나 죽이고 싶다거나 하는 마음 등, 행동으로 나오지 않은 나쁜 마음도 죄라고 생각합니다. 그래서 종교를 마음공부라고도 이야기합니다. 기독교는 여기서 한 걸음 더 나아갑니다. 마음에서 일어나는 것보다 더 본질적인 것을 죄라고 합니다. 그 죄는 바로 하나님이 세상의 주인인데 내가 주인이 된 상태입니다. 내가 모든 것의 주인이 된 상태를 죄 된 상태, 죄의 근본이라고 이야기합니다. 한번 생각해 보십시오. 우주의 주인이 있고 내 인생의 주인이 있는데 그 주인이 나라고 주장하는 어떤 사람이 있다면, 주인이 볼 때 얼마나 심각한 문제겠습니까? 성경에서 이야기하는 죄인 또는 죄는 도덕적·사회적인 것, 마음속에서 일어나는 것을 넘어 더 깊은 뿌리에 있는 것입니다. 우주와 인생의 근본과 주인이 바로 나 자신이라고 주장하며 내 멋대로 살겠다고, 내 소견에 옳은 대로 살겠다고 하는 것이 '죄'입니다. 그래서 하나님을 인정하지 않는다면 죄인일 수밖에 없습니다.

참고서적 《구원이란 무엇인가》 김세윤 | 두란노 | 2011 | pp.11-27
《신앙생활 가이드》 존 스토트 | IVP | 1999 | pp.23-54

14. 왜 기독교인 가운데 위선자가 많습니까?

기독교인이 되고 싶어 교회에 나가 사람들과 어울리다가 많은 사람들이 종종 실망합니다. 기독교인들이 가진 이중성, 교회가 가진 세속성 때문인 것 같습니다. 기독교인들의 말을 듣고 뭔가 있는 것 같아 교회에 나갔는데, 그렇지 않았던 것이지요. 여기에 대해서는 별로 할 말이 없습니다. 사실 기독교인들과 교회가 하나님이 살아 계신 것과 하나님이 이 땅에서 일하고 계신 것을 보여 주는 것이 정상입니다. 그런데 그렇지 못한 것이 현실이고, 여기에 대해 구구절절 변명하는 것은 적절한 처사가 아니라고 생각합니다. 그런 면에서 제가 한국 교회를 대표할 수 있는 입장은 전혀 아니지만, 죄송하다는 말밖에 할 말이 없습니다. 그런데 여기서 한두 가지 이야기할 것이 있습니다. 인간은 근본적으로 위선자입니다. 앞뒤가 조금씩 다른 게 사람입니다. 신앙을 갖는다는 것은, 적어도 기독교 신앙을 갖는다는 것은 앞뒤 다른 사람들이 점점 투명해져서 앞뒤가 같은 사람이 되는 것입니다. 이것이 교회 다니면서 바로 되면 얼마나 좋겠습니까? 그런데 그렇지 않습니다. 교회 다니면서 사람이 변화되어 가는 과정이 필요하여서, 그 과정에 있는 사람들은 여전히 위선적이고 앞뒤가 다른 모습을 보입니다. 그러므로 좀 더 기다리고 지켜봐야 하지 않나 하는 생각이

들기도 합니다. 또 한국 교회도 부족한 것이 많습니다. 한국 교회 역사가 120년 정도밖에 되지 않습니다. 기독교가 세워진 지 약 2,000년 되었는데, 그 2,000년 동안 기독교가 가진 많은 유산들이 한국 교회에서는 소화되지 못했습니다. 그래서 세상 여러 이슈에 대해, 사회적인 현안에 대해, 다른 사람들과 다른 종교를 대하는 것에 대해 성경과 지난 2,000년 동안의 유산을 소화해 낼 시간이 필요합니다. 그런데 그렇게 하지 못하면서 오히려 세상의 영향을 받아 세상처럼 자꾸 변해 가는 교회 모습을 보게됩니다. 조금 더 기다려야 할 부분도 있고, 아주 냉혹하고 냉정하게 비판해야 할 부분도 동시에 필요하지 않나 생각합니다.

참고서적 《교회 안의 거짓말》 김형국 | 비아토르 | 2017 | pp.126-155

15. 신앙이란 결국 약자들의 위안이나 의지의 대상 아닙니까?

사람들은 기독교가 약자들의 종교라고 말하기도 합니다. 인간이 어려울 때 의지할 곳이 없으니 결국 신에게 의지하는 비겁한 행동을 하는 것이라고까지 이야기하는 경우가 있습니다. 사실 그런 면이 없지 않습니다. 인간이 자기 운명을 스스로 해결할 수 없어 신에게 의지해 문제를 풀어 보려고 하는 것이 비겁함으로 보일 수 있는 부분이 분명 있습니다. 그런데 저는 그것을 조금 다른 각도에서 봐야 한다고 생각합니다. 인간은 고통과 아픔을 겪을 때에야 비로소 자신이 얼마나 평범한 존재이고 한계가 있는 존재인지 알게 됩니다. 고통과 아픔이 있을 때, 그 전에 자기를 겹겹이 에워싸고 있던 온갖 것들이 벗겨집니다. 그래서 어떤 면에서는 매우 순수한 상태가 되지요. 고통과 아픔 없이는 사람이 그렇게 순수해지지 못하는 것 같습니다. 그래서 고통과 아픔을 겪고 난 다음에 하나님을 진실하게 찾는 경우가 많습니다. 심리적인 지팡이로서, 또는 단순히 마음의 위로를 얻기 위해 하나님을 도구적으로 찾을 때는, 한계가 있다고 생각합니다. 그러나 그것을 통해 인간이 자기 모습을 정말 발견할 수 있다면, 그래서 진실하게 자기 한계를 발견하고 그 이상의 존재를 찾는다면, 그것은 굉장히 의미 있는 일이라고 생각합니다. 고통과 아픔은 인생에서 피할 수 없기도 하지만 반드시 있어야 하는 것이 아닌가 하는 생각을 하게 됩니다.

16. 하나님을 믿으면 됐지 꼭 교회를 다녀야 합니까?

하나님을 믿으면 됐지 복잡하고 시끄러운 교회에 꼭 가야 하냐고 질문하는 사람들이 있습니다. 그런데 하나님을 정말 믿게 되면, 하나님이 무슨 일을 하셨는지 알아 가게 됩니다. 하나님이 하신 놀라운 일은, 예수님이 이 땅에 오셔서 죽으시고 부활하신 것을 통해 하나님의 새로운 백성을 일으키신 것입니다. 구약에서 신약에 이르기까지 성경을 관통하는 중요한 지식이 바로 하나님이 이 땅에서 자기 백성을 만들어 나가고 계신다는 것입니다. 그것이 예수님이 돌아가시고 난 다음 교회로 탄생하게 되었습니다. 그러니까 우리가 개인적으로 하나님을 알고 믿으면, 그리고 그 하나님이 이 시대에 무슨 일을 하고 계시는지 성경을 통해 정말 알아 가게 되면, 교회에 속하는 것은 너무 당연합니다. 비록 그 교회가 흠 있고 부족하고 마음에 들지 않는 면이 있다 하더라도, 그 교회(에 속한 사람들)는 하나님이 사랑하시는, 하나님이 그들을 통해 일하시는 하나님의 백성이기 때문입니다. 실제로 교회 공동체에 속하지 않으면 영적으로 성장하지 못하는 모습도 자주 보게 됩니다. 그래서 교회 공동체는 선택의 문제가 아니라 신앙의 본질에 해당하는 부분이라고 할 수 있습니다.

참고서적 《기독교 교양》 J. I. 패커 | 규장 | 2007 | pp.253-256
《신앙생활 가이드》 존 스토트 | IVP | 1999 | pp.179-198

17. 교회는 왜 그렇게 교파가 많습니까?

당혹스런 질문 중 하나가 한 하나님을 믿는데 왜 그렇게 많은 교단이 있느냐는 질문입니다. 한국에 교단이 많은 것은 저도 참 못마땅합니다. 많은 교단이 형성된 것은 개신교의 특성 때문입니다. 개신교는 로마 가톨릭처럼 중앙에서 정치적으로 전체를 통합하는 시스템이 아닙니다. 세 가지 중요한 원리(오직 성경, 오직 은혜, 오직 믿음)에 따라, 자기 양심과 신앙의 양심에 따라 하나님을 믿는 자들이 개신교인들입니다. 성경에서 가르치는 대로, 믿음과 은혜에 근거해 자기 신앙생활을 하는 사람들이 개신교인들입니다. 성경을 어떻게 보느냐에 따라 차이가 있지만, 그것을 본질적인 차이라고 보지 않습니다. 비본질적인 면에서 약간 차이가 있는데, 그 차이를 강조하다 보니 교단이 나뉘게 되었습니다. 이것은 인간의 한계이기도 하지만, 동시에 나뉜 것을 통해 기독교인들이 성경을 보는 한계를 극복하기도 하고 상대방을 통해 배우기도 하는 순기능적 역할도 있습니다. 조금씩 다른 각도에서 성경에 접근함으로써 개신교는 신학적으로 많이 발전했습니다. 그런데 변명되지 않는 부분이 있습니다. 어떤 교단이 나뉜 것을 보면, 특별히 한국 내에서 교단이 갈라진 것을 보면, 그 속에서 인간들이 정치적 싸움을 하다가 갈라진 경우가 적지 않기 때문입니다. 이것은 어떤 면에서는 기독교의 본질을 훼손하는 것이라고 할 수 있습니다. 성경의 중요한 가르침 중의 하나가 자기를 부인하고 상대방을 존중하는 것입니다. 우리가 믿는 바에 대해서는 타협할 수 없다, 한계가 있는 내 지식에 근거한 믿음이지만 타협할 수 없다고 하는 것은 좋은 자세라고 할 수 있습니다. 그러나 자기 사역과 개인적인 이유들 때문에 교단을 갈라지게 한 것은 기독교의 가르침을 거꾸로 행한 것입니다. 그래서 여기에는 변명의 여지가 없습니다.

참고서적 《콕 집어 알려주는 기독교》 스티븐 아터번 | 생명의말씀사 | pp.246-250

18. 먼저 술, 담배를 끊고 교회에 나가겠습니다.

적지 않은 사람들이 교회에 나가려면 술과 담배를 끊어야 한다고 생각합니다. 물론 요즘에는 또 그렇지도 않은 것 같습니다. 교회 안에서는 내색하지 않지만, 교회 다니는 많은 사람들이 세상에 나와서는 대부분 술도 마시고 담배도 피웁니다. 그러면서 마음속으로는 죄책감을 느끼기도 하겠지요. 술과 담배는 기독교 신앙의 본질이 아닙니다. 술에 대해서는 좀 더 논의할 부분이 많습니다. 성경에서 술에 대한 이야기를 많이 하고 있기 때문입니다. 한국에 전래된 기독교가 아주 청교도적인 신앙을 가지고 있어서 금주를 강조한 것이지 사실은 성경 자체가 금주를 이야기하고 있지 않습니다. 성경은 오히려 술을 권력이라든지 돈, 섹스와 마찬가지로 잘 관리해야 할 대상이라고 생각합니다. 그것을 버려야 할 것, 단순히 금해야 할 금욕적 대상으로 보지 않습니다. 그러므로 절주가 더 어울리는 표현일 것입니다. 담배의 경우도 아주 다른 각도에서 봐야 합니다. 성경에는 담배가 아예 언급조차 되어 있지 않으니까요. 그렇다면 아마도 담배는 자기 자신을 어떻게 돌볼 것인가와, 담배를 피우는 것을 통해 이웃에게 어떤 영향을 끼치는가를 생각하며 다뤄야 하지 않나 생각합니다. 다시 말해 술과 담배는 기독교 신앙의 본질적인 부분이라기보다는 신앙을 어떻게 적용해 나갈 것인가에서 나타나는 현상입니다. 술과 담배를 안 하는 것이 기독교인의 표지라고 할 수 없습니다. 그것은 한국 교회가 만들어낸 약간 오용된 표지라고 생각합니다.

19. 교회에는 왜 그렇게 헌금이 많습니까?

헌금에 대해 많은 사람들이 부정적인 생각을 하는 것에 대해 이해합니다. 자본주의 사회에서 돈보다 중요한 것이 없는데, 교회가 많은 돈을 요구한다고 느껴질 때가 있기 때문입니다. 그런데 성경에서는 돈뿐만 아니라 모든 것을, 하나님께서 우리에게 주신 것이라고 말합니다. 성경의 기본 생각은 돈의 일정 부분을 하나님과 그의 공동체에 헌금함으로써, 내가 가진 돈의 소유권자가 내가 아니라 그것을 주신 하나님임을 인정하게 된다는 것입니다. 그래서 기독교인들은 일정량을 헌금합니다. 그것을 어떤 규정이 아니라 원칙적인 면에서 10분의 1 정도가 타당하겠다고 생각하는 것이, 구약 쪽 전통을 고려하고 그것을 의미 있게 받아들이는 기독교인의 모습입니다. 10분의 1은 적은 게 아니지요. 1년이면 한 달 월급에 해당하는 것이니까요. 그런데 이를 통해 첫째, 하나님이 우리 모든 물질의 주인이심을 고백하고, 둘째, 우리가 속한 교회 공동체를 통해 하나님께서 일하시는 것에 동참한다는 의미가 있습니다. 일부 교회가 자본주의의 영향을 받아 교회도 결국 헌금으로 운영된다는 이유를 들어 지나치게 헌금을 강요하고, 또 성경에 있지도 않은 여러 내용을 끄집어내 헌금을 강요하는 경우가 있습니다. 그것은 옳지 않습니다. 교회는 성도에게 물질의 주인이 되시는 분이 하나님이시라는 것과 어떻게 정당하게 돈을 벌어야 하는가를 가르쳐야 합니다. 헌금의 기본 정신을 잘 지켜나가는 것이 오늘날 현대 교회의 사명이기도 합니다.

참고서적 《콕 집어 알려주는 기독교》 스티븐 아터번 | 생명의말씀사 | 2010 | pp.273-277

20. 성경을 어떻게 신뢰할 수 있습니까?

기독교를 책의 종교라고도 합니다. 성경을 굉장히 중요하게 여기기 때문이지요. 만약 성경 자체가 하나님의 말씀을 기록해 놓은 것이라고 주장하지 않았다면, 성경을 그렇게 중요하게 여기지 않았을 것입니다. 그런데 성경 자체가 하나님께서 말씀하신 것을 인간이 듣고 기록한 것이라고 말합니다. 성경은 거의 1,500년 동안 50여 명의 사람에 의해 쓰인, 인류 역사가 가진 독특한 문서라고 말할 수 있습니다. 이 성경을 어떻게 신뢰할 수 있는가는 참 말하기 어렵습니다. 1주일이나 2주일, 한 달 동안 쓰인 책도 오류가 있는데, 같이 살아 보지도 않은 50명이 넘는 사람들이 3개 언어로 1,500년 동안 쓴 책을 어떻게 신뢰할 수 있단 말입니까? 사실 이 책이 형성되었다는 것 자체가 불가사의하다고 말할 수 있습니다. 그뿐만 아니라 지금과 같은 인쇄 기술이 있던 시대도 아닌데, 1,500년 동안 쓰이고 필사되어 오늘날 우리에게까지 전해졌다는 사실 자체가 아주 기이한 현상이라고 할 수 있습니다. 이것을 학자들이 문헌학적으로 비교해 이 문헌들이 얼마나 역사성을 가지고, 진실하게 필사되었는가에 대해 연구해 놓은 것이 많습니다. 성경 내용은 차치하더라도 성경이 이런 문헌학적인 가치를 가지고 있고, 아주 조심스럽게 필사되어 우리에게까지 왔다는 것에 대해서는 굉장히 주의를 기울여야 할 필요가 있습니다. 특별히 신약성경의 경우(우리는 원본을 가지고 있지 않지만) 수천 가지의 사본이 있습니다. 그런데 학자들은 신약성경이 원본의 97~98%를 복원했다고 봅니다. 우리가 가지고 있는 성경이 과학적으로 원본에 가까운 것이라는 겁니다. 일단 그 내용은 차치하고라도 성경 자체의 형성에 대해서는 굉장히 신뢰할 수 있다는 것입니다. 인류 문화 역사에 이런 문헌은 존재하지 않습니다. 다른 모든 고대 문서들과 비교해 볼 때 이런 신빙성이 있는 문서는 없습니다. 그렇다면 한번 성경을 조심스럽고 깊이 있게 살펴보는 것도 필요하지 않겠습니까?

참고서적 《리 스트로벨의 예수 그리스도》 리 스트로벨 | 두란노 | 2009 | pp.24-121
《진리의 기독교》 노먼 가이슬러 & 프랭크 튜렉 | 좋은씨앗 | 2009 | 9-12장

21. 성경의 기적을 어떻게 믿을 수 있습니까?

성경은 기적의 책이라고 할 수 있습니다. 예수님만 해도 그렇습니다. 성경에서 예수님은 처녀에게서 태어났다고 하고, 죽어서 부활했다고 하고, 하늘로 올라갔다고 합니다. 이는 기적입니다. 그분이 행하신 일도 그렇습니다. 많은 병자를 고치고, 물 위를 걷고, 빵 몇 덩이로 수천 명을 먹이고, 이해할 수 없는 기적들이 기록되어 있어 신화가 아닌가 하는 생각이 들기도 합니다. 충분히 그렇게 볼 수 있습니다. 그런데 예수님은 스스로 하나님의 아들이라고 끊임없이 주장했습니다. 자기가 하는 일들이 하나님이 하시는 일이라고 했습니다. 하나님은 자연 세계와 자연법칙을 만드신 분입니다. 그러므로 하나님은 자연법칙도 깰 수 있는 분입니다. 이 법칙을 깨고도 자연에 문제가 생기지 않도록 하실 수 있습니다. 예수께서 태어나 돌아가시고 부활하시고 승천하시는 이 모든 기적은 자연법칙 안에서 설명될 수 없습니다. 그것은 예수님이 스스로 하나님이라고 한 주장과 적어도 논리적으로 맞아떨어집니다. 만약 예수님이 자신을 하나님이라고 하지 않았다면, 이런 기적들은 그저 한 사람을 영웅화하기 위해 일반 신화에서 사용하는 과장 기법에 불과할 것입니다. 그러나 예수님은 자신이 하나님이라 얘기했고, 그것은 구약에서부터 지속해서 예고한 내용입니다. 그러므로 예수님과 관련된 여러 기적들이 일어난 것은 자연스러운 일이고, 그런 기적들이 일어나지 않았다면 오히려 이상한 일입니다. 그리고 그러한 기적들은 기독교가 말하는 것이 진실인지 아닌지, 예수님이 정말 하나님인지 아닌지 질문해 볼 수 있는 리트머스 시험지 같은 역할을 한다고 얘기할 수 있습니다.

참고서적 《신을 탐하다》 에드거 앤드류스 | 복있는사람 | 2012 | pp.195-216
《진리의 기독교》 노먼 가이슬러 & 프랭크 튜렉 | 좋은씨앗 | 2009 | 8장

찾는이
이해하기

찾는이의 영적 여정에 대한 이해

복음을 받아들이는 일은 과정이며 순차적인 결단이다

복음을 전하는 이들의 입장에서 보면, 전도에는 두 가지 접근법이 있다고 할
수 있습니다. 첫 번째는 대면적 방법입니다. 이는 어떤 사람을 만나서 바로
복음을 전하는 것입니다. 실제로 대부분의 전도 방법이 이러했습니다. 물론
이 방법이 틀리지는 않지만, 이 방법은 전도의 마지막 부분에 와야 하는 것
입니다.

　다른 하나는 과정적 방법입니다. 어떤 사람에게 복음을 전할 때, 한순간에
"아 그럼 믿어 볼게"라고 하는 경우는 많지 않습니다. 찾는이들은 어떤 과정
을 통해서 순차적으로 마음이 열리고 결단해 나갑니다.

　전도의 이 과정적 성격을 이해하지 못하면, 복음을 받아들일 수 있는 결
정적인 순간에 와 있는 사람들이나, 복음을 받아들이기에 굉장히 좋은 시기
에 와 있는 사람들에게만 복음을 전하게 됩니다. 그렇게 복음을 전하는 것
은 거의 이삭이 패어서 막 떨어지기 직전에 톡 건드리는 것이라고 할 수 있
습니다. 그래서 이 전도 방법은 실제로 많은 사람을 구원합니다. 건드려 주
는 이가 없어서 때를 놓치는 경우가 있기에 대면적 전도 방법이 필요한 때
가 있습니다.

　그러나 아직 준비되지 않은 사람들, 과정 중에 있는 사람들에게는 공격당

하는 느낌, 무례하다는 느낌 등 부정적인 이미지의 부산물들을 양산해 냅니다. 한국 교회는 이런 부산물을 너무 많이 만들어 냈죠. 그러므로 대면적 전도 방법이든 과정적 전도 방법이든 둘 다 과정이 굉장히 중요합니다. 대면적 전도 방법은 마지막 시기에 사용하는 것이고, 과정적 전도 방법은 처음부터 쭉 같이 가는 것입니다.

뿐만 아니라 이런 과정적 전도 방법이나 대면적 전도 방법 모두 인격적 관계 속에서 해야 한다는 사실이 중요합니다. 전도는 기계적으로 논리적으로 그냥 복음을 설명만 한다고 되는 것이 아닙니다. 찾는이들에게 인격적으로 다가가야 합니다. 이렇듯 전도가 과정적이고 인격적이라는 사실을 이해하면서 찾는이들을 만나야 합니다.

찾는이들이 넘어야 하는 다섯 개의 문턱

찾는이가 복음을 통한 새로운 삶에 다가가기 위해서는 다섯 개의 문턱을 넘어야 합니다. 첫 번째 문턱은 가장 많은 사람이 가지고 있는 것으로, "네가 말하는 것에 관심이 없어"라는 태도입니다. 바꿔 말하면 전도자를 신뢰하지 않는다는 것입니다. 그리스도인과 교회에 대한 신뢰가 없는 것이죠. 우리는 찾는이들이 먼저 이 신뢰의 문턱을 넘어서도록 해 주어야 합니다. 신뢰도 형성되지 않았는데 아무리 떠들고 좋은 얘길 해봤자 그것을 받아들이지 않을 것입니다.

두 번째 문턱은 기독교에 대한 무관심입니다. "네가 하는 말에는 관심이 있고, 넌 좋아, 넌 믿을 만해. 근데 난 기독교엔 관심 없어"라는 태도입니다. 이 경우, 호기심을 유발하여 무관심의 문턱을 넘어서게 해 주어야 합니다. "너 좋아 보여. 근데 너랑 나랑 별 차이는 없는 것 같아"가 아니라, "네가 사는 걸 보니 좀 다르네. 넌 왜 그런 가치관을 가지고 살지? 왜 그런 결정을 내리지? 네가 살아가는 공동체를 보니까 그건 괜찮다"라고 말하게 해야 합니다. 이러한 호기심을 일으키며 문턱을 넘어서야 예수에 관한 이야기를 들을 수 있게 됩니다. 이것이 두 번째로 넘어야 할 문턱입니다.

세 번째 문턱은, 변화를 두려워하는 것입니다. 사람들은 두 번째 문턱을 넘으며 호기심을 가졌으면서도, "그래 기독교의 가르침을 들어 보니까 옳은 것 같기는 한데, 에이, 난 그냥 이렇게 살래"라고 말합니다. 변화를 두려워하기 때문입니다. 사람들은 다리를 꼴 때에도 대부분 한쪽으로만 꼽니다. 익숙하기 때문입니다. 변화하는 걸 싫어합니다. 그러나 사람들은 변화의 필요성을 느끼면 변합니다. '기독교는 맞는 것 같지만 굳이 그걸 택할 필요가 없어'라고 생각하다가도 인생의 위기나 어떤 결정적인 순간에는 '아, 이대로는 안 되겠다'는 생각을 하게 됩니다. 바로 이때 기다려 줘야 합니다. 변화하라고 막 흔들 일이 아닙니다. 그 사람이 어떤 자각이나 위기를 통해서 변화해야겠다는 자발적인 생각이 들어야 이 문턱을 넘어설 수 있습니다. 이것이 세 번째 문턱입니다.

네 번째 문턱은, "예수님은 참 좋은 분인 것 같아. 근데 나랑은 상관이 없어"라는 반응입니다. 기독교를 알아 가기 시작하면 예수를 마주하게 됩니다. 그래서 예수를 좋은 분으로 생각하지만 자신과는 상관이 없다고 여깁니다. 이때 "아 그럼, 예수 그리스도를 한번 알아 가 보자"라고 권하여, 그 사람이 예수 그리스도를 탐구하고자 하는 문턱을 넘어서면 복음을 들을 기회가 열립니다. 이때부터 복음에 대해 듣기 시작하고, 예수와 자신이 어떻게 관련이 있을 수 있는지, 하나님과 자신이 어떻게 관련이 있을 수 있는지 생각하게 됩니다.

그러고 난 다음 마지막에 넘어야 할 것은, "다 좋은데 결단하는 건 두려워"라는 반응입니다. 이것이 마지막 문턱입니다. 이것은 대가(cost)입니다. 제자로서 예수를 따르는 삶에 대가를 지불해야 한다는 것을 알아야, 복음을 제대로 받아들일 수 있습니다. "예수님을 영접하면 구원받는다고요? 네, 영접하죠"라고 반응한다면, 진실로 영접했다고 볼 수 없습니다. "정말 예수를 따라가는 게 가능할까? 내가 할 수 있을까? 난 잘 따라갈 자신이 없는데…" 이런 흔들림이 있는 것은 당연하고, 오히려 건강하게 복음이 제대로 전달되었다는 뜻입니다. "네! 저 믿겠습니다!" 하고 나온다면 아직 복음을 잘 모르거나 복음의 중요한 부분을 듣지 못했을 가능성이 있습니다. 예수 믿으면 좋기만 한 것이 아니라, 대가를 지불해야 한다는 것도 알려 줘야 합니다. 그것이 진실입니다.

이 다섯 단계를 넘어가면, 새로운 삶으로 들어갑니다. 이 다섯 가지 단계에 대해 좀 더 깊이 이해하십시오. 그렇지 않으면 찾는이가 도대체 어디쯤 있는지도 모르고 일방적으로 우리가 원하는 메시지만 전할 뿐, 상대방이 들어야 하는 메시지는 전하지 못하게 됩니다. 우리가 가장 먼저 해야 할 것은, 이런 흐름이 있다는 것을 이해하고 내 찾는이가 지금 어떤 문턱에 걸렸는지, 어디까지 왔는지 살피는 일입니다.

찾는이들의 영적 여행을 가로막는 장애물들

찾는이들이 하나님께 나아가는 데는 장애물들이 참 많습니다. 왜 어떤 사람들은 믿는 것이 그렇게 어렵고, 어떤 사람들은 하나님을 쉽게 믿게 되었을까요?

쉽게 믿게 된 사람도 많겠지만, 오히려 많은 사람이 그렇지 않습니다. 특히 성인이 되어서 하나님을 믿으려 할 때에는 장애물이 참 많습니다. 찾는이가 하나님께 다가가는 아주 중요한 접점은 복음인데, 이 복음에 다가가려 할 때 보통 세 가지 정도의 장애물을 만납니다.

어떤 이들은 이 장애물에 부딪쳐서 다른 곳으로 가버립니다. 가다가 부딪치고, 가다가 또 부딪치곤 하죠. 또 다른 이들은 여기저기 부딪치면서 가기도 합니다. 여러 가지 장애물이 있겠지만, 관찰해 보니 세 가지 정도의 장애물이 있는 것을 알 수 있었습니다.

첫 번째는 교회와 그리스도인들이 만들어 낸 부정적 이미지입니다. 이건 참 말하기 고통스러운 일입니다. 지금도 계속 양산되고 있기 때문입니다. "니들이 아무리 기독교가 진리라고 말하지만 니들 사는 것 보니까 이렇지 않니?"라는 이야기를 들을 때 복음을 전하는 일은 참으로 어려워집니다. 그런데 이럴 때, 부정적 이미지에 갇혀 있는 사람에게 할 수 있는 일은, 그렇지 않다는 것을 강변하는 것이 아닙니다. "절은 어떤데!" 혹은 "그렇게 말하는 너는 뭐 똑바로 살아?"라고 하며 싸우는 어리석은 사람들도 있습니다. 그러나 이런 사람들은 전도할 자격이 없는 사람입니다.

이런 부정적인 이미지에 대해서 가장 먼저 할 일은 사과입니다. 우리가 사과할 수 있는 자격이 없지만, 그래도 이것이 우리 집안일이니 나 자신이 대표할 수 있는 자격이 아니어도, 미안하다고밖에 할 말이 없다고 솔직하게 우리의 부정적인 모습들에 대해서 인정하는 것이 가장 중요합니다. 우리가 정말 그것 때문에 고통스러워하는 마음이 있다면, 미안하다는 말 속에 진정성이 담길 것입니다. 한국 교회를 바라보면서 안타까워하는 모습이 정말 마음속에 있다면 그 진정성이 전달될 것입니다.

그런데 우리가 해야 할 일은 사과만이 아닙니다. 이러한 부정적인 이미지가 아닌 모습으로 사는 삶이 있어야 합니다. 사과할 일은 하고, 대안적으로 사는 나의 삶과 나의 공동체의 삶이 같이 있어야 합니다. 이럴 때 쓰는 서양 속담이 있습니다. "목욕물과 함께 아이를 버리지 말라(Don't throw a baby out with bath water)"입니다. 아이를 목욕시키고 난 다음에 구정물을 버릴 때 구정물과 같이 아이를 버리진 않습니다. 그렇기에 다음과 같은 진실한 모습이 제일 필요합니다. "미안하게도 기독교의 어떤 부분에는 구정물이 참 많아. 지난 2천 년 동안 구정물이 참 많았어. 그렇지만 그곳에는 예수님이, 그 가운데에 본질이 있잖아. 난 그걸 믿고 따르고 있어. 나도 구정물을 만들어 내는 것 같아 미안하고 염려될 때가 있어."

두 번째는 지적인 질문입니다. 이 지적인 질문은 우리가 사는 세상에서 생겨납니다. 사람들은 아주 다양한 질문들을 합니다. 우리가 사는 시대 상황이 다르고, 또 사람들이 가지고 있는 지적 수준, 고민, 호기심이 다 다르기 때문입니다. 그런데 이 지적인 질문에 대한 답변이 이루어지지 않는데 무조건 믿을 수는 없습니다. 사람마다 다르게 가지고 있는 지적인 질문들을 반드시 해결해 주어야 합니다.

이 지적인 질문을 해결해 줄 때 아주 중요한 것은 우리가 먼저 질문 받는 것을 두려워하지 않는 것입니다. 대답할 말이 없으면, "아 난 그거 생각 안 해봤어"라고 솔직하게 이야기하십시오. 억지로 대답하려고 하지 마십시오. 그 순간에 당신이 기독교의 메시지를 대변하는 사람이 되었는데, 잘 모르는 이야기를 했다가 나중에 자승자박하는 일들이 생기지 않도록, 모르는 것은 모른다고 솔직하게 이야기하십시오. 그러고 나서 "공부 좀 해볼게"라고 말하면 됩니다. 특별히 찾는이들이 던지는 많은 질문에 대해서는 이 책에 실린 "기독교와 성경에 관한 21가지 FAQ"를 보시거나 그 질문과 관련된 좀 더 긴 강의, 또는 그것과 관련된 쪽글, 책 등의 자료를 살펴보십시오. 사람들의 문제가 심각할 때에는 같이 강의도 듣고 그 다음에는 더 깊은 책도 공부하는 일이 필요합니다. 그런데 모두가 그런 것은 아닙니다. 그 정도 짧은 답변만으로 충분한 사람들도 많습니다.

우리는 프란시스 쉐퍼(F. A. Schaeffer)가 말했던 "솔직한 질문은 솔직한 답변을 가져온다(An honest question must be given an honest answer)"는 자세를 가질 필요가 있습니다. 우리의 역할은 기독교를 옹호하는 것이 아니라 대변하는 것입니다. 기독교를 사수하려 하지 말고, 그냥 아는 것까지만 이야기해 주는 것, 모르는 건 모른다고, 고민 안 해본 건 고민 안 해봤다고, 고민해도 알 수 없는 것들이 많다고 이야기해 주는 것이 진정성이 있는 태도입니다.

세 번째 문제는 삶의 고통입니다. 사람들은 고통을 겪게 되면 무의식적으로 이 고통과 신을 연결합니다. 신이 나에게 이 고통을 주었다고 생각합니다. 그렇게 되면 그 신이 사랑의 하나님이라고 하는 사실은 도저히 믿을 수 없습니다. 누군가가 고통을 겪을 때 그리스도인들이 보이는 가장 어리석은 반응은 "그것 봐, 하나님 안 믿으니까 그렇지" 또는 "기도하고 성경 보면 문제 해결돼. 교회 가면 해결돼"라고 말하는 것입니다. 그러나 이는 말도 안 되는 거짓말입니다.

그럴 때에는 이 고통의 본질을 설명해 주어야 합니다. 직접 대답하기 어려우면, 죄와 고통이 깨어짐의 문제임을 다루는 3-5강 내용을 활용하십시오. 그리스도인은 세상의 누구보다도 고통을 제대로 이해하고 직면하고 잘 다룰 수 있는 사람입니다. 성경 가득히 나와 있는 것이 고통에 관한 이야기이기 때문입니다.

찾는이들의 영적 여행의 시작과 과정

찾는이들의 영적 여정은 어떻게 시작될까요? 기독교로 들어오는 데는 세 가지 문이 있습니다. 곧, 생활 양식, 체험이나 위기, 그리고 탐구입니다.

그런데 어느 문으로 들어오든 이 세 가지는 다 있어야 합니다. 생활 양식으로 들어오는 일은, 태어날 때부터 그리스도인인 사람들에게 일어납니다. 그런데 이들은 문화적으로 그리스도인이지만 장성하면서 기독교를 떠나곤 합니다. 기독교의 진리가 말이 안 된다고 느껴지는 것이죠. 지적인 질문들에 대해서 답변도 찾지 못하고, 경험과 체험도 별로 없기 때문입니다. 또 어떤 사람은 체험으로 들어오지만, 곧잘 신앙을 잃어버립니다. 자기가 가지고 있는 지적 질문에 대한 답변을 얻지 못하고, 그것이 자신의 인격과 삶의 방식으로 바뀌지 않았기 때문입니다. 그러므로 어느 문으로 들어오든지, 모두 이 모든 영역을 경험해야 합니다.

모두가 가지고 있는 중요한 전제점에 대한 이해

가정, 전제점, 세계관, 준거 틀

사람은 누구나 세계관을 가지고 있습니다. 이를 전제점이라고 말할 수도 있고, 가정, 세계관이라고 말할 수도 있고, 준거 틀이라고 말할 수도 있습니다. 이렇게 여러 가지로 표현할 수 있겠지만, 사람은 누구나 세상을 보는 눈을 가지고 있다는 말입니다. "난 세계관 없어. 그런 거 없어"라고 말하는 사람은 그런 것이 없는 것이 세계관입니다. "난 그때그때 살아"라는 것이 그 사람의 세계관입니다. 다시 말해서 '세상에 정확한 건 없다. 모든 건 우연이다. 모든 건 변하는 것이다. 진리란 없다. 선과 악도 없다. 그때그때 편한 것을 택하는 것이 내 인생관이다'라는 것이, 바로 세계관입니다. 아주 정돈된 세계관입니다. 많은 현대인이 취하는 방식이기도 합니다.

그런데 모순적인 세계관을 가지고 사는 사람들도 많습니다. 이들은 자기가 만들어 놓은 세계관이 일관성 있게 적용되지 못하는 경우들을 경험합니다. 예를 들어, "야, 바람피우는 게 뭐 큰 문제냐? 남자가 다 그러는 거지, 뭐가 문제야"라는 이야기를 하는 남자들이 있습니다. 그러나 자기 딸이 밤늦게 들어오는 것은 참을 수 없어 합니다. 어떤 불연속이 보이지 않나요? 자신은 그렇게 하지만 딸이 그렇게 하는 건 안 된다는 것이죠. 이는 그 사람이 지닌 세계관이 엉터리라는 이야기입니다.

어쨌든 사람들은 다 이면에 그런 세계관을 가지고 있습니다. 이것은 찾는 이들뿐 아니라 그리스도인들에게도 문제가 되곤 합니다. 어떤 그리스도인들의 이면에 '이 땅에서의 행복은 돈과 물질적 풍요로움에 달려 있다'라는 전제가 알게 모르게 깔려 있으면, 그 사람은 물질적인 풍요로움을 누리지 못하는 상황이 되면 행복과 평안을 잃어버립니다. 신앙생활을 하다가 어느 순간에 '내가 사실은 물질적 풍요에서 인생의 행복을 찾고 있었구나'라는 걸 깨닫곤 합니다. 어떤 사람은 다른 사람에게서 인정받는 것이 너무 중요합니다. 하나님보다 더 중요합니다. 그래서 인정받는 것을 위해서 살아가곤 합니다. 이 세계관이라는 것은 지적인 문제가 아닌, 우리 삶을 규정해 주는, 보이지 않게 자리 잡고 있는 무엇이며, 누구나 다 가지고 있습니다.

그런데 복음을 전할 때 살펴야 하는 아주 중요한 전제점들이 있습니다. 그것은 유신론과 무신론이라고 할 수 있습니다.

유신론과 무신론

많은 사람이 무신론은 과학이고 유신론은 종교라고 생각합니다. 그러나 그것은 틀린 개념입니다. 신이 없다고 믿는 것도 신념 체계이고, 신이 있다고 믿는 것도 신념 체계입니다. 친구들이 "신이 있다는 걸 증명해 봐. 그러면 교회 다닐게"라고 말해도, 신을 증명하려고 애쓸 필요가 없습니다. 아니, 사실은 그렇게 할 수 없습니다. 대신 거꾸로 이렇게 이야기할 수 있죠. "신이 없다는 것을 증명해 봐. 그러면 난 교회 안 다닐게." 신이 없다는 것도 증명할 수 없고 신이 있다는 것도 증명할 수 없습니다. 이는 신념 체계입니다. 그러므로 왜 신이 있다고 믿는지 자기 나름대로 설명할 수 있어야 합니다. 이에 대해서는 굉장히 다양한 방법이 있습니다.

신이 있음을 설명하려 할 때, 우리는 두 종류의 근거를 들어 이야기할 수 있습니다. 바로 'proof'와 'evidence'입니다. 먼저 'proof'는 증명을 가능하게 하는 증거를 가리킵니다. 그런데 신이 있다고 하는 'proof'는 찾을 수 없습니다. 예를 들어, 살인 현장에 피 묻은 칼이 있다면, 그것은 그냥 하나의 물건일 뿐입니다. 그런데 칼 손잡이에 지문이 있다면 그 사람이 찔렀을 가능성이 생깁니다. 이것이 'evidence'입니다. 왜 아직 'proof'는 아닐까요? 우리가 영화에서 자주 보듯이, 다른 사람이 지문을 거기다 묻혀 놓았을 수도 있기 때문입니다. 아직은 불확실합니다. 그러면 'evidence'이지 'proof'는 아닙니다. 칼로 찌르는 모습이 CCTV나 동영상으로 찍혔다면 그건 'proof'입니다. 빼도 박도 못하도록 확실한 것이 'proof'이고, 'evidence'는 그런 정황들, 즉 정황 증거입니다.

하나님에 대해서도 우리는 'proof'를 말할 수는 없지만, 'evidence'를 이야기할 수는 있습니다. 무신론자들 역시 신이 없다고 하는 'evidence'를 이야기할 수 있습니다. 이런 한계를 알고 우리가 해야 할 일은, 그 사람을 설득하는 것이 아니라 "나는 말이야, 신이 있는 게 맞는 것 같아. 이러이러한 이유에서"라고 자신이 가진 믿음을 이야기하는 것입니다.

소통하지 않는 신과 소통하는 신

그렇다면 이제 유신론에 대해서 더 이야기해 봅시다. 유신론은 신이 있는 것 같다는 생각입니다. 그런데 다른 종교와 기독교를 구분해 주는 중요한 분기점이 있습니다. 그것은 소통을 기준으로 하는 방법입니다. 인간과 소통을 하는 신이 있고, 소통하지 않는 신이 있습니다. 이는 굉장히 중요한 구별

점입니다.

대부분의 종교에서는, 신이나 도 또는 궁극적 진리라고도 할 수 있는 존재가 인간과 소통하지 않기 때문에 인간은 신에게 다다르기 위한 노력을 해야 합니다. 면벽 구도, 명상, 선행, 공부, 학습, 고행 등 엄청난 일을 합니다. 그리스도인들은 하나님을 알지 못하는 사람들이 하나님을 알기 위해서, 구원받기 위해서 얼마나 치열하게 구도의 길을 가고 있는지 알 필요가 있습니다.

《성철 스님 시봉 이야기》라는 책이 있습니다. 성철 스님의 시봉(보좌)을 들었던 원택 스님이 쓴 책으로, 여기에는 성철 스님의 일화가 소개되어 있습니다. 불교가 얼마나 치열하게 진리를 찾고 있는지 보면 숙연해지기까지 합니다. 그러나 그렇게 치열하게 신을 알아 가려고 하지만 인간의 능력으로는 알 수가 없습니다.

반면 기독교의 하나님은 인간이 그곳까지 갈 수 없다는 것을 아십니다. 우리는 육체적 한계, 인식적 한계, 도덕적 한계, 영적 한계 때문에 진리의 실체를 파악하지 못합니다. 하나님의 진리는 숨겨져 있어서 우리가 알 수 없습니다. 그래서 기독교의 하나님은 어떻게 하십니까? 하나님이 우리에게 찾아오십니다. 우리에게 먼저 이야기하십니다. 먼저 소통의 문을 여십니다. 이것을 신학적으로 계시라고 합니다. 계시란 폭로한다는 뜻입니다. 들춰서 보여 주고, 노출한다는 것입니다. 이렇게 하나님이 우리에게 오심으로 인해, 우리가 반응해서 하나님께 나아갈 수 있게 하셨습니다.

그러므로 타 종교에 대해서는 어떤 반응을 보여야 할까요? 존중해야 합니다. 하나님이 그들에게 다가오셨다는 사실을 잘 모르기 때문에 그들은 그렇게 애써서 찾으려 할 수밖에 없습니다. 그리고 다른 종교를 잘 들여다보면 고등종교의 경우 아주 놀라운 지혜들과 통찰력이 숨겨져 있기도 합니다. 다른 종교에서도 배울 게 굉장히 많습니다.

그래서 사실 우리는 다른 종교에 구원의 길이 있다 없다 말할 필요가 없다고 생각합니다. "그게 구원의 길이면 그리로 가세요"라고 이야기하는 게 낫습니다. "난 그곳에 구원의 길이 있는지 모르겠지만 너무 힘들어 보이더라"

라고 솔직하게 이야기하는 편이 낫습니다. 교리적으로 "성경에는 없다고 하더라"라고 함부로 이야기하지 말아야 합니다. 우리가 추구해 보지 않았기 때문입니다. 구원이 있을 것이라 생각하지는 않지만, 그것이 더 지혜로운 답변이라고 생각합니다.

성경의 하나님의 독특성과 성경의 중요성

우리 그리스도인은 어떤 사람들인가요? 놀랍게도 그 진리를 통째로 보게 된 사람들입니다. 다 이해하지 못할지라도 그 진리를 본 사람들입니다. 그런데 하나님은 무엇을 통해 이런 진리를 소통하셨나요? 흔히 생각하듯 꿈과 환상으로 한 것이 아닙니다. 꿈과 환상을 통해서 하신 경우라도 결국 그것을 텍스트로 만드셨습니다. 이건 놀라운 비밀입니다. 텍스트라는 것은 고대로부터 지금까지 변치 않는 인간의 소통 방식입니다. 이 소통 방식을 하나님이 쓰셨다고 하는 것은 놀라운 일입니다. 요즘 영상 매체도 나오고 여러 가지 매체가 나오지만, 하나님은 텍스트를 통해서 소통하십니다. 그래서 성경이라는 놀라운 책이 만들어졌습니다. 예수 그리스도의 놀라운 행적도 무엇을 통해 우리에게 전달되나요? 텍스트를 통해서 전달됩니다.

따라서 성경이 그만큼 중요하다는 사실을 아는 것이 필요합니다. 그래서 우리 자신도 성경을 깊이 보고 자주 봐야겠지만, 찾는이들도 설명을 듣는 것만이 아니라, 성경을 읽어 나가는 경험들이 필요합니다. 성경 속 예수 그리스도에 대한 아주 재밌고 핵심적인 부분들을 같이 읽어 나가는 일이 필요합니다.

복음의
핵심

복음의 중요 4요소

복음의 4요소
복음의 4요소는, 첫 번째, 창조주 하나님, 두 번째, 죄, 세 번째, 예수 그리스도, 마지막으로 영접입니다.

4요소의 연관성
이 네 요소는 서로 연관되어 있습니다. 하나님이 주인이시기 때문에, 하나님의 주인 자리를 무시하는 것이 죄이며, 이 죄의 문제가 해결되지 않는 한 인간은 생명을 얻을 수 없으므로 우리가 생명을 얻도록 예수 그리스도께서 죽으셨습니다. 그러나 하나님은 우리를 인격으로 만드셨기 때문에 예수님이 우리를 위해서 돌아가신 것도 인격적으로 받아들일 때에만 유효할 수 있습니다. 이렇게 이 네 가지 요소가 연관성을 가집니다.

이 고리를 이해한다면, "네 번째는 믿겠는데 첫 번째는 못 믿겠다"는 말은 불가능해집니다. "난 예수님을 영접하겠지만 하나님이 주인이신 건 못 믿겠다"는 건 있을 수 없다는 것입니다. 논리적으로 1-2-3-4가 연결되어 있습니다. "예수 그리스도를 영접했는데도 난 아직 예수 그리스도께서 날 위해서 죽으셨는지 모르겠어"라고 한다면 아직 영접하지 않은 것입니다. 교회 안에 이런 사람들이 얼마나 많은지요! 구원받았다고 이야기하면서 '죄가 뭐 그렇게 심각한 문제인가? 난 별로 죄인이 아닌데'라고 생각하는 사람들도 있습니다. 그들이 정말 구원받은 사람일까요? 잘 모르겠지만, 아니라고 말할 수밖에 없지 않을까요? 이 네 가지의 논리적인 연관성을 숙지하는 것이 필요합니다. 이는 우리 믿음의 기본 도리이기 때문입니다.

각각에 대한 개인의 심화와 내면화

그런 다음에는 각각에 대한 개인의 심화와 내면화가 필요합니다. 창조주 하나님, 주인이신 하나님에 대한 내용, 죄의 심각성, 예수 그리스도에 대한 내용, 예수 그리스도를 받아들이는 것, 이 네 가지가 우리 속에서 심화되고 내면화되어야 합니다.

복음 전도 시 유념해야 할 이슈

복음 전도 시 유념해야 할 이슈들이 있는데, 이를 네 가지 요소를 중심으로 정리해 보려 합니다.

복음의 궁극적인 목적

첫 번째로, 복음의 궁극적인 목적이 무엇인지 분명히 알아야 합니다. 이는 복음의 첫 번째 요소인 창조주 하나님과 관련되어 있습니다.

하나님이 사람들에 대해 가지고 계신 궁극적인 목적이 무엇일까요? 그것은 사람들이 하나님을 예배하게 하는 것입니다. 그런데 이렇게 설명하면 사람들은 아마 다 도망갈 겁니다. 이는 우리가 신앙을 받아들이고 난 다음에 얻게 된 결론이지요. 이에 대해 다르게 표현하자면, 하나님은 사람들이 찾는 행복을 주고 싶어 하시는 분이라고 말할 수 있습니다.

인간의 필요가 뭐라고 생각하십니까? 사람의 필요를 다양하게 설명할 수 있지만 가장 포괄적인 개념으로 행복이라 말할 수 있습니다. 사람들은 모두 행복을 추구합니다. 그런데 인간은 이 행복이라는 필요를 채우기 위해 어떤 방법을 씁니까? 4P라 부르는 쾌락(Pleasure), 명예(Prestige), 권력(Power), 재산(Property)을 추구합니다. 사람들은 이런 것들로 행복해질 것이라 생각합니다. 결혼하면 행복해진다고, 월급이 올라가면 행복해진다고 생각합니다.

그러나 하나님의 방법은 다릅니다. 인간은 하나님이 창조주 자리로 돌아오실 때 진정으로 행복해집니다. 하나님이 주인이시라고 말하는 것, 온 세계의 주인이시고 인생의 주인이시라는 사실을 말하는 것은 단순히 교리적으로 중요해서가 아닙니다. 그렇지 않고서는 사람이 행복해질 수 없으므로 중요한 것입니다. 동의하십니까? 이 사실을 경험하고 계십니까? 예수님을 믿고 따라간다고는 하지만 예수님이 정말 내 인생의 중심부에 서 계시지 않으면 내 인생의 기쁨과 행복은 얼마나 깨지기 쉬운지, 얼마나 가벼운지 우리는 압니다. 그런 행복은 모조품에 불과하다는 것을 우리는 알고 있습니다. 복음을 전해 보면 우리 모두는 정말 행복해지고 싶어 한다는 사실을 알 수 있습니다. 그러나 정말 행복해지는 일은, 창조주 하나님이 사람들의 인생과 그들이 발 딛고 있는 세계의 중심에 서실 때만 가능합니다.

이 첫 번째 사실을 분명히 하지 않으면 복음 전도란 교인 숫자 늘리는 것에 불과할 수 있습니다. 그러나 누군가를 바라보며, 이 사람이 정말 행복했으면 좋겠다고, 내 친구의 인생이 저렇게 망가지면 안 된다고, 저렇게 허비되면 안 된다고 안타까운 마음을 가지는 것은 그 사람의 필요를 정확하게 바라보고 있는 것입니다. 그리고 그 필요를 채워 주시는 분이 바로 창조주 하나님이십니다.

사람들은 하나님의 무조건적인 사랑과 삶의 목적을 알게 되면 행복해집니다. 복음 전도를 할 때마다 느끼는 것은 복음 전도를 하는 동안, 나도 모르게 타협했던 우리의 영성을 바로잡게 되는 일들을 경험한다는 것입니다. 이를 통해 다시 한 번, 우리가 하나님의 무조건적인 사랑을 누릴 때, 내 인생의 목적을 찾을 때, 정말 행복해지는 것이라는 걸 다시 확인하게 됩니다.

이제 창조주 하나님에 대한 이야기를 해 줄 때, 많은 사람이 하는 질문 유형들을 살펴보려 합니다.

첫 번째 유형은 "난 신이 있다는 것을 아직 믿지 못하겠다"고 말하는 이들입니다. 적지 않은 사람들이 복음을 듣고 난 후 대뜸 "근데 난 신이 있다는 걸 못 믿겠어"라고 말합니다. 이럴 때는 어떻게 해야 할까요? 이는 장애물을 아직 제거하지 못한 것입니다. 복음을 들을 준비가 되어 있지 않은 사람에게 복음을 전한 것입니다.

전제점을 먼저 확인했어야 합니다. 출발점이 되는 '유신론과 무신론' 개념은, 어쩔 수 없이 결정된 것이 아니라, 자기가 선택한 것, 신념 체계라는 것, 세계관이라는 사실을 알려 주어야 합니다. 신이 있다는 걸 믿지 못하겠다고 하는 사람들에게 신이 있다는 걸 애써 증명해 보일 필요는 없습니다. 대신 "이건 증명의 문제가 아니야. 이건 신념의 문제야. 네가 신이 없다는 걸 증명할 수 없는 것처럼, 나도 신이 있다는 걸 증명할 수 없어"라고 이야기해 줄 수 있습니다. 또는 이런 이야기를 해 줄 수도 있습니다. "나는 이럴 때 신이 정말 계시다는 느낌이 들어. C. S. 루이스라는 사람은 인간 속에 있는 보편적 양심을 통해 신이 있음을 논증했어. 인간에게 보편적으로 왜 선악에 대한 생각이 있을까? 왜 양심이 있을까? 이것은 어디서 기원했을까? 왜 동물에게 없는 것이 인간에게만 있을까? 이걸 진화된 결과로 봐야 할까? 혹시 신과 같은 존재가 인간들 안에 보편적 양심을 만들어 놓은 것은 아닐까?"

복음을 전했을 때 '아! 이 사람은 전도를 받을 준비가 아직 되지 않았는데 내가 섣불리 복음을 전했구나'라는 판단이 들면, '아, 신이 있겠다. 신이 있을지도 모르겠다. 신이 있는 게 더 낫다. 그럼 나도 신이 있는 쪽으로 가는 게 낫겠네'라는 생각을 할 수 있도록 도와주어야 합니다. 신이 없다고 생각하고 잘 살아왔지만, 이야기를 나누면서 신이 없다고 생각하는 것이 아주 위험한 것임을 보여 주고, 신이 있는 세계는 어떤 세계인지 생각해 볼 수 있게 해 주어야 합니다.

두 번째 유형은 "신이 있다는 것은 믿고 싶은데, 왜 그것이 꼭 기독교의 신이어야 하는가?"라고 질문하는 이들입니다. 이럴 때는 어떻게 대답해야 할까요? 간단히 할 수 있는 대답은 우리가 모든 것을 경험해야 선택할 수 있는 것은 아니라고 말하는 것입니다. 모든 신을 다 알고 나서 신을 선택할 수는 없지 않은가요?

또 우리가 할 수 있는 또 하나의 대답은, 신과 관련해서 우리가 고를 수 있는 선택지가 그리 많지 않다는 것입니다. "무당이나 사람들이 이야기하는 온갖 잡신들까지 고려의 대상으로 넣는다면 할 수 없지만, 만약 인류 문명에 영향을 끼쳤던 아주 중요한, 하루 이틀이 아니라 수천 년 동안 영향을 미쳤던 신들에 대해서 이야기하고자 한다면, 사실 네가 선택할 수 있는 신은 몇 없어"라고 말하는 것도 좋은 논증 방법입니다. 사람들은 종종 기독교의 신을 굉장히 국지적인 존재로 몰아붙이고 싶어 하지만, 문명사를 공부해 보면 그렇게 단순하게 말할 수 없음을 알게 됩니다. 하루 이틀이 아닌 수천 년 동안 인류 문명에 큰 영향을 끼쳤던 신 후보는 몇 되지 않습니다. 겨우 몇 가지의 다른 세계관이 선택지일 뿐입니다.

죄의 본질과 심각성

먼저 하나님의 창조, 창조주 하나님, 주인이신 하나님에 대한 이야기를 나누었다면, 두 번째로 나눌 이야기는 죄에 대한 것입니다. 첫 번째 이야기는 전제점이기 때문에, 복음을 들으려고 마음먹은 사람이라면 아마도 하나님이 계실지도 모른다고 생각할 것이기에 첫 번째 부분에서 걸리는 사람은 많지 않습니다. 오히려 복음을 전할 때 정말 핵심적으로 준비해야 할 부분은, 이 죄에 대한 내용입니다. 사람들이 자신이 죄인이라는 사실을 깨닫지 못하면 복음은 복음이 되지 못하기 때문입니다. 그러면 세 번째로 나눌 이야기인 예수 그리스도가 잘 전해지지도 못합니다.

죄의 본질은 자기 중심성입니다. 죄(SIN)란 나(I)가 가운데 있는 모습, 즉 자기 중심성(I-centeredness)입니다. 다음의 그림을 보십시오.

　사람들은 흔히 열매나 잎사귀를 죄라 생각합니다. 그러나 열매나 잎사귀는 죄의 열매라고 볼 수 있습니다. 이것은 도덕, 사회, 법과 같이 눈에 띄는 것들을 어기는 것입니다. 사실, 사람들이 이런 것들 때문에 죄인임을 자각하는 경우는 별로 없습니다. 왜냐하면 큰 죄를 지은 사람들이 너무 흔하게 보이기 때문입니다. 몇 백억씩 떼먹은 사람들의 소식이 늘 뉴스를 채웁니다. 큰 죄를 지은 사람들이 이렇게도 많으므로 내가 얼마 떼먹은 건 죄로 보이지도 않습니다. 그래서 현대인들 대부분은 자신이 죄인이라고 생각하지 않습니다. "예수 그리스도가 죄인인 너를 위해서 죽었어"라는 메시지는 그냥 흘려버리기 십상입니다.

　그렇다면 가지만 있는 두 번째 그림을 보십시오. 이것은 마음의 문제를 나타냅니다. 종교는 이 마음의 영역을 다루곤 합니다. 그런데 이 죄의 근본적인 뿌리, 죄의 본질이라고 말할 수 있는 것이 있습니다. 이것이 바로 우리가 죄라고 부르는 그것입니다. 내가 주인이 되어 있는 상태, 하나님을 거절한 상태가 죄라고 하는 사실을 분명히 이야기해 주는 것이 필요합니다. 열매에서 뿌리에 이르는 모든 것이 죄지만, 죄는 이 뿌리에서부터 시작되었다고 하는 것을 분명히 이야기해 주는 것이 필요합니다.

　그런데 이 이야기를 하면서 더불어 깊이 있게 나눠야 할 이야기가 있는데, 그것은 인간의 곤경에 관한 문제입니다. 많은 사람이 삶의 혼돈에 빠져 있습니다. 우리는 사람들에게 그 상태로 살아가는 것에 소망이 없고, 그 혼돈에서 벗어날 가능성이 없다는 것을 보여 주어야 합니다. 그런 어려움이 당연하거나 다른 데서 온 것이 아니라 하나님을 거절한 데서 온 결과라는 사실을 깨달을 수 있도록 도와주어야 합니다.

그뿐만 아니라 조금 더 시야를 넓혀서, 세상 속에 있는 악에 대해서 설명해 줄 필요도 있습니다. 특별히 사회적인 악이라든가, 역사적으로 자행되었던 수많은 악이, 하나님을 주인으로 섬기지 않는 문제로 말미암아 일어난 악이라는 것을 알려주어야 합니다. 인간의 작은 악들이 모여서 구조적인 악들을 형성하고, 그것이 또다시 인간을 괴롭히고 망가뜨리는 이런 상황이 일어나는 것이 전체 인간이 겪고 있는 곤경입니다. 그리고 이것은 스스로 선택한 현재적 심판이라고도 부를 수 있습니다.

그런데 이런 곤경과 심판을 언급할 때 우리가 반드시 마음속에 품어야 하는 것은, 하나님의 안타까워하시는 마음과 깊은 사랑입니다. 인간의 죄의 문제를 심각하게 이야기하면 할수록 인간은 비참함을 느끼기 때문입니다. 또 더 주의해야 하는 것은 "너 하나님 안 믿으니까 그 모양이 되어 가고 있지!"라고 정죄하는 것입니다. 이런 이야기를 할 때 우리 속에, 그런 상황에서 허물어져 가고 있는 사람에 대한 사랑이 전제되지 않으면 안 됩니다.

하나님의 대안이며 우리의 소망인 예수 그리스도

이어서 해야 할 이야기는 하나님의 대안이며 우리의 소망인 예수 그리스도에 관한 것입니다. 여기서는 예수 그리스도의 두 가지 측면을 이야기해야 합니다. 첫 번째는, 하나님을 보여 주시는 분으로서의 예수이고, 두 번째는 하나님께 나아갈 수 있는 길을 여시는 그리스도입니다.

많은 경우, 복음을 전할 때 두 번째만 강조하는 경향이 있습니다. 그러나 예수님이 이 두 가지 목적을 가지고 이 땅에 오셨다는 것을 잊어서는 안 됩니다. 특히 현대 그리스도인들, 그 중에서도 보수적인 그리스도인일수록 대속적 죽음을 지나치게 강조하다 보니, 이 땅에 오셔서 하나님을 보여 주셨던 분으로서의 예수님에 대한 인식이 부족한 경우가 많습니다. 그래서 하나님을 잘 모릅니다. 예수님을 잘 모르니 하나님에 대한 이미지도 추상적이고 막연해질 수밖에 없습니다. 하나님에 대해 자유롭게 이야기할 수 있으려면 예수님에 대해 잘 알고 있어야 합니다. 부끄럽게도 많은 그리스도인이 예수님에 대해 별로 할 이야기가 없습니다. 이는 실로 심각한 일입니다. 예수님이 얼마나 멋진지 한번 이야기하기 시작하면 입에 침이 마르고 닳도록 이야기할 수 있을 정도로 예수님과 사연이 있어야 합니다. 예수님에 대한 감격이 있고, 예수님께 매료된 지점이 있어야 합니다.

하나님을 보여 주신 존재이신 예수님도 알고, 그분의 대속적 죽음에 대해서도 알아야 합니다. 사랑과 공의를 한꺼번에 보이시고 성취하신 분이라는 사실을 잘 알아야 합니다.

예수님과 관련해서는 이런 질문이 있을 수 있습니다. "왜 유대인인 예수가 하나님을 보여 주는 존재인가?" 그 조그만 나라 변방에서 태어난 청년이 어떻게 하나님이냐는 겁니다. 사실 이 때문에 많은 신학자들과 인문학자들이 기독교를 부인합니다. 기독교에 대한 온갖 음모론들도 이 지점에서 나옵니다. 그러나 우리는 오히려 거꾸로 대답해 주어야 합니다. "이게 하나님이 일하시는 방식입니다. 하나님은 낮은 곳으로 하찮게 임하십니다. 세상 사람들이 생각하는 것과는 다릅니다."

사실 이런 질문은 반가운 질문입니다. 왜냐하면 질문을 하는 그 사람도 하찮게 여겨지는 인생을 살고 있기 때문입니다. 우리는 이렇게 이야기해 주어야 합니다. "그런 하나님이시기 때문에 하찮은 우리 인생에도 찾아오시고, 우리를 만나주십니다." 이것이 구약에서부터 신약에 이르는 기독교의 가장 핵심적인 진리입니다. 별 볼 일 없던 이스라엘, 별 볼 일 없던 수많은 사람들에게 주님이 찾아오신 것입니다. 예수님도 그렇게 오셨습니다. 이것이 하나님이 일하시는 방식입니다. 그러므로 나에게도 소망이 있습니다. 우리에게도 소망이 있습니다. 그런 하나님이시기 때문에 말입니다.

또 이런 질문이 있을 수 있습니다. "내 죄를 누군가 대신 진다는 것이 어떻게 가능한가?" 그러나 인간 사회 여기저기에서, 죄에 대한 대가를 다른 것으로 대신 해결하는 경우들이 있습니다. 제일 쉬운 것이 죄에 대한 대가를 돈으로 치르는 것입니다. 보석이라는 제도가 그렇습니다. 현대 사회에서 사람이 사람을 대신해서 벌을 받는 일은 거의 없어졌습니다. 현대적 개념의 사법 제도 속에서 죄에 대한 대가는 죄를 범한 당사자만이 치러야 합니다. 그러나 법적인 제도 안에서는 할 수 없더라도 가정에서는 가능합니다. 아이가 잘못한 문제에 대해서 부모가 책임을 집니다. 아이가 문제를 일으키거나 부수거나 망가뜨리면 부모가 수습합니다. 사랑한다면 가능할 수 있습니다. 대신 죽어 줄 수도 있습니다. 부모들이 자식을 위해서 장기를 이식해 준다거나, 눈을 빼준다거나, 자식들이 그렇게 하기도 합니다. 생명의 위협을 걸고, 심지어 어떤 경우에는 실제로 자기가 죽으면서까지 그렇게 하는 사례들이 있습니다. 이런 이야기들이 부분적으로라도 이해에 도움이 될 수 있습니다.

복음에 대한
반응 유형에 따른 가이드

탐구(Research)가 필요한 사람들

원인을 분명히 하라

복음에 대한 반응 유형 첫 번째는 탐구가 필요한 사람들입니다. 이 사람들은 예수님을 영접하지는 못하겠지만, 거절하기에는 뭔가 있는 것 같다고 느끼는 사람들입니다. 이때는 원인을 분명히 하는 것이 중요합니다. 그 원인은 대략 네 가지 정도로 분류해 볼 수 있습니다.

그런데 네 가지 유형 외에 전제점이 문제가 되는 분들이 있습니다. 찾는이들이 가지고 있는 세 가지 장애물, 즉 지적인 장애물, 실존적인 고통, 교회와 그리스도인에 대한 왜곡된 부정적 이미지가 해결되지 않으면, 복음을 듣고 난 다음에도 이 부분이 계속 걸린다는 것을 명심해야 합니다. 어떤 사람이 예수님을 받아들이지 못하겠다고 한다면, 왜 못 받아들이는지 그 원인을 잘 살펴 봐야 합니다. "근데 진화론이 꼭 틀렸나?" "글쎄, 왜 꼭 기독교의 하나님만이 신인가?"와 같은 질문을 다시 던진다면, 전제점에서부터 정리가 되지 않은 상태이기에 복음을 들어도 그것이 상대화되어 버립니다. 이 세 가지 장애물과 관련된 문제가 발견된다면, 다시 이 장애물들을 직접 다루어야 합니다.

아니면, 복음 자체를 이해하지 못하는 경우도 있습니다. 이들은 "왜 내가 주인인 게 죄인데?"나 "내가 왜 죄인인데?"라는 질문을 합니다. 복음이 정리가 되지 않으면 당연히 받아들이기가 어렵습니다. 이 경우에는 그 사람이 복음 전 단계의 이슈 때문에 받아들이기 어려운 것인지, 아니면 복음을 이해했는데도 받아들이기가 어려운 것인지 잘 살펴야 합니다. 질문을 던져서 그것을 알아봐야 합니다. 억지로 믿게 하려고 하지 마십시오. 사실 복음을 제대로 이해했다면 그냥 항복하게 됩니다. 복음을 제대로 이해했다면 "아니, 내가 이 복음을 받아들일 자격이 있습니까? 제가 여기에 '네'라고 대답해도 됩니까, 감히?"라고 하면서 받아들이게 됩니다. 힘들어하면서, "어려운데, 안 되겠는데" 하면서 억지로 받아들이는 게 아닙니다. 복음을 제대로 이해한 사람에게 그것은 정말 말 그대로 좋은 소식이니까요. 그러니 너무나 자연스럽게 "제가 찾던 것입니다!"라고 반기며 받아들이게 되는 것입니다. 이 과정에 장애물이 있다면 그것을 제거하도록 도와주면 됩니다.

그런데 이런 문제들이 아니라 여러 가지 다른 원인이 섞여서 대략 네 가지 정도의 반응이 나타나곤 하는데, 이 각 경우마다 대응하는 방식이 달라야 합니다.

첫 번째는 회피형입니다. 이들은 "좋긴 한데, 나하고는 상관없는 것 같아요"라거나 "다 맞는 것 같고 동의도 되는데, 나한테 별로 와 닿지 않아요"라고 이야기합니다.

두 번째 유형은 무지형입니다. 이는 굉장히 자주 나타나는 유형으로, "난 아직 예수가 누군지 모르겠어요", "예수를 주인으로 받아들이기에는 예수가 어떤 분인지 잘 모르겠어요"라고 말합니다. 다 이해가 되었음에도 이렇게 말합니다.

세 번째 유형은 우유부단형입니다. 이해도 했고, 예수님을 믿고 싶은 마음도 있지만, 이것이 인생의 아주 중요한 결정이라는 걸 알게 되면, "난 이런 결정 내리는 일에 익숙하지 않아요"라고 망설이는 사람들이 있습니다. 본래 가진 성품과 기질 때문에 결정을 어려워하는 경우, 이런 반응이 나타날 수 있습니다.

마지막 유형은 자신결여형이라고 부를 수 있습니다. "난 이 길을 끝까지 잘 갈 자신이 없어요"라고 말하는 이들입니다. 이런 유형은 "예수님을 주인으로 섬기고 살아갈 자신이 없어요. 나는 워낙 이기적이고 세속적인 사람이어서 과연 그렇게 할 수 있을지 자신이 없어요"라고 말하곤 합니다.

각각의 유형에 따라 적절하게 섬기라

이 각 유형에 따른 적절함 섬김이 필요합니다. 첫 번째 유형인 회피형의 경우, 복음이 왜 자신과 상관없다고 하는지 잘 살펴 보아야 합니다. 지적 장애물 때문에 걸려서 그런 건지, 실존적인 고통의 문제가 해결되지 않아서 그런 것인지 살펴 보아야 합니다. 실존적인 고통의 문제의 해결이 필요하다면, 죄가 우리 전 인류에게 어떤 영향을 끼쳐서 이런 실존적인 고통을 겪고 있는지 이야기해 주어야 합니다. 만약에 예수를 믿었음에도 해결되지 않는 실존적 고통이 있음이 문제라면, "저도 예수를 믿었지만, 여전히 이런 문제가 남아 있습니다. 이게 우리네 인생의 특징입니다"라고 이야기해 줄 필요가 있습니다. 또는 기독교에 대한 편견으로 인해 기독교가 싫어진 이들은 그리스도인들에 대해 "그들은 말만 잘해"라고 이야기하곤 합니다. 이럴 때에는 공동체를 보여 주고, 그리스도인의 삶을 보여 주는 것이 도움이 되기도 합니다.

또 "나와 상관없어요"라고 말하는 사람들은 많은 경우 자기가 죄인이라는 사실을 발견하지 못하여 그렇게 이야기하곤 합니다. 자신이 죄인이라는 것을 발견하면, 그것을 깨닫는 순간부터 복음이 빠른 속도로 들어갑니다. 그래서인지 사탄은 이 부분에서 영적인 장난을 많이 치는 것 같습니다. "죄인인 걸 머리로는 이해하겠는데, 마음에는 와닿지 않아"라고 이야기하는 것입니다. 사탄은 다양한 방식으로 죄에 대한 자각을 막는 것 같습니다. 이 경우 대화를 나누면서, 예화를 통해서, 전도자의 간증을 통해서 죄인 됨의 심각성을 이야기해 주는 것이 필요합니다.

두 번째로, 많은 이들에게 해당하는 무지형을 생각해 봅시다. 복음을 다 들은 사람이 "근데 나는 잘 모르겠어. 예수가 누군지 모르겠어"라고 반응할 때에는, "아이, 그냥 믿어"라고 대응하면 안 됩니다. "잘 모를 수도 있을 것 같아. 예수가 누군지 한번 알아보자"고 말하고 성경을 같이 읽어 나가십시오.

그 사람의 상황에 따라서 마태, 마가, 누가, 요한복음 중에서 적당한 것을 선택할 수 있도록 복음서 각각의 특성을 숙지해 놓으십시오. 그 사람에게 어떤 복음서를 제안할지 분별할 지혜가 필요합니다.

마가복음의 경우 읽어 나가면서 예수님의 인생 전체를 훑을 수 있습니다. 마가복음은 짧은 시간에 예수님이 어떤 분인지 설명할 수 있는 책으로, 기적도 많이 나오므로 기적에 대한 언급을 해 줘야 합니다. "예수님은 하나님의 아들이기 때문에 예수님이 가시는 곳마다 기적이 일어나. 요술쟁이나 마술사가 아니라 하나님이시기 때문에 예수님께는 자연법칙을 깨는 일이 너무나 자연스러운 일이야"라고 마가복음을 소개할 수도 있습니다.

누가복음은 특히 예수님이 가난한 자들과 약자들에게 관심을 가지고 계시는 모습, 이방인에게 관심을 가지고 있는 모습을 보여 줍니다. 그래서 누가복음은 가난한 자에게 관심이 있는 사람들과 같이 읽을 때 굉장히 도움이 되는 책입니다. 사변적인 토의나 종교적 가르침을 좋아하는 사람들에게는 마태복음이 좋습니다. 마태복음에서는 예수님의 가르침이 다섯 번에 걸쳐서 소개됩니다. 그래서 마태복음은 참을성 있는 사람, 책 읽는 것을 좋아하고, 종교적 가르침에 감화를 잘 받는 사람에게 권하는 것이 좋습니다. 조금 더 보편적으로 사람들과 일대일로 만나서 대화도 나누고 어떤 주제를 자세하게 풀어서 이야기하시는 예수님을 소개하고 싶다면 요한복음이 좋습니다. 그러나 요한복음은 분량이 길어서 읽다가 흐름을 놓쳐버리는 경우가 많으므로, 요한복음을 소개할 때에는 몇몇 에피소드들을 뽑아서 소개하는 것도 좋은 방법이라고 생각합니다.

무지형에 해당하는 사람들은 예수에 대해서 무지하기 때문에 예수를 주인으로 모시기 힘든 것입니다. "알 것 같기도 한데, 정말 난 예수를 모르겠어"라고 말하는 이런 사람들은 성경을 읽다가 예수님께 매료되면, 예수님을 즉각 영접하기도 합니다. 이천 년 전에 오셨던 예수님이 오늘도 동일하게 그들의 삶에 다가가신다는 걸 보여 주기만 하면 됩니다. 성경 공부를 같이 하다 보면 예수님이 보이고 예수님께 다가가게 됩니다. 이렇게 무지형의 사람들을 도울 수 있습니다.

우유부단형은 제일 쉬운 유형입니다. 이런 사람은 슬쩍 밀어 주면 됩니다. 이런 유형을 잘 보면 다른 일에서도 결정을 잘 내리지 못하곤 합니다. 감자칩을 하나 사러 가서도 너무 다양한 게 있으면 뭘 사야 할지 몰라서 우물쭈물합니다. 그럴 때에는 그 사람에게 "내가 볼 때 너는 다 이해하고 마음에 와닿았어. 이제 결단을 내려야 할 때야"라고 결단의 중요성을 이야기해 주고, 손을 잡고 같이 그냥 절벽 밑으로 뛰어내리십시오. 약간 밀어 주는 것만으로도 도움이 됩니다.

자신결여형의 경우는 우선, 우유부단형과 헷갈리지 말아야 합니다. 자신결여형의 경우는, "내가 이 복음대로 살 자신이 없어요"라고 이야기하는 사람입니다. 이들은 복음을 제대로 이해한 사람입니다. 오히려 복음을 제대로 이해했기 때문에 비용을 지불하고 예수님을 따라가는 것을 자신 없다고 느끼는 것입니다. 이런 반응을 보이면, '복음을 잘 전했구나'라고 생각하면 됩니다.

그러고 나서 이런 말들이 필요합니다. "나도 자신 없었어. 우리는 사실 예수님을 따라갈 자격도, 예수님의 부르심을 받을 자격도 없고, 예수님을 따라갈 능력도 없어." 이들에게 그리스도인의 삶의 본질을 가르쳐 주십시오. 하나님은 한 번 잡으시면 절대 놓지 않으시는 분임을 알려 주십시오. 그것이 하나님의 '헤세드', 하나님의 변치 않는 사랑입니다. 그러므로 예수님을 따라 살 자신이 없다고 하는 사람들에게 "네 힘으로 가는 게 아니라 그분의 붙잡힘을 받아서 가는 거야. 너는 주님의 손을 놓을 수도 있고, 혼란스럽고 헷갈리고 헤맬 수도 있지만, 사실 너의 손을 주님이 잡고 계셔"라고 말해 주어야합니다. 우리의 간증, 우리가 손 놓고 헤맸던 이야기들이 도움이 될 수도 있습니다. 이렇게 이런 이들을 도와주시면 됩니다.

탐구가 필요한 사람들에게 필요한 것: 그들을 사랑하는, 영혼의 안내자

탐구가 필요한 사람들에게 정말 필요한 것은 그들을 사랑하는, 영혼의 안내자입니다. 복음을 들었으니 이제 이 복음이 그들의 마음을 확 뒤집을 수 있도록 하나님이 역사하실 텐데, 우리는 그때 뭘 해야 할까요? 이들을 기다려 줘야 합니다. 여기서부터는 시간 싸움입니다. 조급함을 가져서는 안 됩니다. 우리는 사냥꾼이 아닙니다. 한 방에 빵 쏴서 잡는 사람이 아니라 안내자입니다. 이렇게 기다릴 때 놀라운 일들이 벌어집니다. '아, 하나님이 정말 일하시는구나'라는 사실을 발견하게 될 것입니다.

한 친구는 복음을 다 듣고 난 다음 내게 정말 잊을 수 없는 말을 했습니다. "야, 기독교는 너무나 확실한 체계구나. 철학 체계네. 그런데 나는…예수라고 하는 분에게 무릎 꿇기 싫어." 죄의 본질이 바로 이것입니다. "그걸 죄라고 하더라도 나는 주도적인 인생을 살고 싶어. 난 누구에게도 무릎 꿇고 싶지 않아." 김이 팍 새는 것을 느꼈습니다. 여섯 시간씩 두 번에 걸쳐 기독교에 대해 이야기해 줬는데, 복음을 완벽하게 다 이해하고 나서 마지막에 가장 본질적인 문제에 막혀, "나 죄인이다, 어쩔래"라는 식으로 나오는 겁니다. 그런데 이 자매는 그 이후에도 우리 공동체 모임에 계속 나왔습니다. 한 달 정도 지난 어느 목요일 날 밤이었습니다. 모임이 끝날 때쯤 의자를 다 접고 정리하고 있는데 그 친구가 손을 들고 말했습니다. "어…할 말이 있는데…내가 더 이상 거절할 수가 없겠다." 그 친구는 그날 밤 주님을 영접했습니다. 이 친구는 모임에 와서 옆에서 보면서 계속 내적인 고민을 하고 있었던 것입니다.

따라서 탐구하는 사람들에게 필요한 것은, 빨리 프로그램에 집어넣어서 예수를 믿게 하는 것이 아니라 그들의 속도를 기다려 주면서 너무 멀리 가지 않는 것입니다. 가까이 붙어 있어야 합니다. 그래서 언제든지 도와줄 수 있도록 해야 합니다. 탐구의 과정을 겪다가 복음을 거절(Reject)하는 사람들이 있는데, 그들 대부분은 옆에서 자극을 주지 않기 때문에 중요성을 느꼈다가 잊어버리는 경우입니다. 그렇게 해서 거절하게 된다면 인도자한테 책임이 크지 않을까요? 옆에 있어 주는 일이 필요합니다.

영접(Receive)한 사람들

영접할 준비가 되어 있는지 확인하라

영접을 선택한 사람들은 어떻게 도와주어야 할까요? 먼저, 그 사람이 영접할 준비가 되어 있는지 확인해야 합니다.

물에 빠져 죽어 가고 있는 사람들에게 로프를 던져 줄 때에는 그 사람이 로프를 받을 준비가 되어 있는지 아닌지 생각하지 않습니다. 절박하기 때문입니다. 받는 사람 역시 로프가 날아올 때 '저걸 잡는 게 옳을까, 안 잡는 게 옳을까?' '저게 썩은 동아줄일까 튼튼한 동아줄일까?' 하고 고민하지 않습니다. 실존적으로 그런 상황에 와 있는 사람들은 복음을 받아들일 준비가 되어 있는 것입니다. 억지로 설득할 필요가 없습니다. 너무나 자연스러운 결론으로 영접할 수밖에 없습니다. 따라서 네 가지 요소만 확인하면 됩니다.

첫 번째로, 그 사람이 정말 하나님의 주인 되심을 알고 고백하는가를 확인하십시오. 창조주 하나님, 우리를 만드신 하나님이 계시다고 믿는지, 그 하나님을 잘 몰라도 그런 신적인 존재자가, 특별한 절대자가 있을 것이라고 믿는지 확인하는 것이 첫 번째입니다.

두 번째는 자신의 죄인됨에 대한 것입니다. 자신이 중심이 되어 살아가는 이 죄인됨이 얼마나 심각한 문제이며, 이것이 하나님을 얼마나 불쾌하게 하고 분노하게 만들며, 의분을 일으키게 만드는지를 인지하고 있는지 확인하십시오. 우리가 주인이 되어서 살아가고 있는 이 세상이 얼마나 망가져 있고 얼마나 깨져 있고 이기적이며, 얼마나 형편없는지, 또 나도 여전히 이에 기여하고 있다는 사실을 알고 있는지 점검하십시오. 이런 것들을 절감하게 되면 사람들은 죄의 심각성을 보게 됩니다. 이것을 인정하는 것이 두 번째입니다.

세 번째, 예수께서 오신 의미와 죽으심의 의미, 이 두 가지를 다 깨닫고 있는지 살펴야 합니다. 많은 경우 복음 전도에서 예수님의 죽으심만을 강조해 왔습니다. 그러나 예수님이 오셔서 어떻게 사셨는지와, 하나님이 어떤 분이고 하나님나라가 어떤 것인지 보여 주셨다는 사실을 아는 것도 굉장히 중요합니다. 이 부분을 놓치고 죽으심만 강조하다 보니, 기독교가 그냥 예수를 믿고 구원 받고 끝나는 종교가 되어버렸습니다. 우리는 예수님 없이 하나님을 알 수 없다는 사실을 깨달아야 합니다. 그리고 예수님의 죽으심을 통해서 우리의 죄가 속함을 받는다는 사실, 우리가 받아야 할 사형선고의 벌을 그가 대신 감당했다는 사실을 이해해야 합니다.

네 번째, 예수님을 영접한다는 것은 삶에서 대가를 지불하고, 예수님을 주인으로 따른다는 고백인 것을 이해하는지 확인해야 합니다.

영적 생명의 출발점임을 분명히 알려 주고 함께 기도하라

이런 내용이 정리되어 있는지 확인하고 나면, 그 사람은 "나 이거 다 받아들이는데 어떡하지?"라고 이제 어찌해야 하는지 궁금해할 수 있습니다. 그러면 이제 영적 생명의 출발점에 서 있다는 사실을 알려 주고, 함께 기도해야 합니다.

많은 사람이 하나님을 인격으로 정말 받아들이면 이때 기도하게 됩니다. 기도를 가르치지 말고 이렇게 물어보십시오. "이제 네가 하나님께 처음으로 정말 진정으로 기도하는 시간이야. 네가 처음으로 입을 떼는 시간이야. 하나님께 무슨 얘기를 할래?" 그러면 보통 모르겠다고 합니다. 이때 이렇게 말해 주십시오. "네가 나랑 이 이야기를 하면서 깨닫게 된 것을 하나님께 이야기해 봐. 우리 무슨 이야기했지? 하나님이 주인이시라는 것, 네가 죄인이었다는 것, 예수님이 오셔서 하나님이 어떤 분인지 알려 주시고 너를 위해 돌아가셨다는 것, 그분을 마음에 주인으로 받아들여서 그분을 따라 살겠다는 것, 이런 얘기 맞지?" 다시 정리해 본 후 만약 필요하다면 글로 써 보라고 하십시오. 그런 후 "그럼 이제 네가 기도해"라고 이야기하십시오. 자기 스스로 기도하게 하는 것이 가장 좋은 방법입니다. 이것이 그가 입을 열어서 하나님께 드리는 첫 번째 기도가 될 수 있습니다. 이 기도를 스마트폰 등으로 녹음하는 것도 좋습니다. 슬쩍 녹음하고 나중에 "네가 하나님께 한 첫 번째 고백이야"라고 하며 친구에게 주는 겁니다.

그런데 어떤 사람들은 두렵기도 하고 자신이 없어서 기도를 못하겠다고 하기도 합니다. 그러면 "너 이런 내용 기도하고 싶니?"라고 물어보고 그렇다고 하면, "그럼 내가 대신 기도할 테니까 따라할래?"라고 하며 따라하게 해도 좋습니다. 무엇을 위해 이렇게 하는지 알겠습니까? 이것은 그 사람이 그리스도인의 삶을 출발할 때 인격적으로 하나님께 반응할 수 있도록 도와주는 것입니다. 억지로 "믿어?" "아멘, 아멘" 하고 끝나면 안 됩니다. 자기 입으로 그 믿음을 고백할 수 있도록, 자기 글로 쓸 수 있도록, 그것도 안 된다면 우리 기도를 따라하도록 도와주십시오.

그러고 난 다음, 영적 아이부터 영적 청년, 영적 부모가 있음을 알려 주고, "넌 지금 영적 신생아야"라고 이야기해 주십시오. 영적 부모에 이르기까지 성장한다는 사실을 간단히 그냥 언급해 주면 됩니다. 또 그 사람에게 "네가 정말 영적으로 잘 자라서 부모처럼 되면 좋겠다"는 소망도 이야기해 주십시오. 왜 이런 이야기를 해 주는 게 좋을까요? 어떤 사람은 예수를 믿는 순간에 그저 '아, 난 이제 구원받았구나. 천국 가는구나' 하고 생각하기 때문입니다. 이는 복음을 파편적으로 전한 것입니다. 오히려 '아, 난 이제 하나님 품에 안겼구나. 이제부터 새로운 생명이 시작됐구나. 이제 내가 자라가야지. 성장해야지' 하는 마음을 갖게 하는 것이 오리엔테이션을 잘해 주는 것입니다. 막 예수를 믿은 사람에게 "너 이제 천국 갔어. 넌 이제 절대로 심판 받지 않아"라고 이야기해 주는 것도 좋지만, 거기에 머물게 될 때 복음이 파편화되어 성장하지 않습니다. 마치 올림픽 결승선을 넘어선 기분이 들게 합니다. 그렇지 않습니다. 그들은 마라톤의 출발점에 섰다는 것을 알려 주어야 합니다.

의무가 아닌 특권을 알려 주라

이때 기억해야 할 아주 중요한 것이 있습니다. 많은 사람들이 성장을 이야기하며 갑자기 의무를 가르칩니다. "성경 읽어야 해", "예배드려야 해", "전도해야 해", "교회 다녀야 해"라고 말입니다. 우리는 이렇게 가르치는 것을 심각하게 다시 생각해 보아야 합니다. 우리는 율법으로부터 구원받았기 때문입니다. 율법이 무엇인가요? 무엇 무엇을 해야 하나님을 기쁘시게 하고 무엇 무엇을 해야 하나님으로부터 용납받는다는 것입니다.

그러므로 예수를 만나면 먼저 받아들여야 할 것은 '나는 이제 하나님 품에 안겼고 나는 그분이 사랑하시는 자다'라는 사실입니다. 이제 그 사람에게는 그분을 알아 갈 특권이 생겼고, 그분을 위해 살 수 있는 이 영광스러운 자리에 들어왔고, 그분께서 하신 일에 그의 인생을 드릴 수 있는, 그런 감히 꿈꿀 수 없었던 특권을 가진 자라는 사실을 알려 주어야 합니다. 실제로 행하는 것은 똑같을 수도 있습니다. 기도하고 예배하고 전도하고 교회에 다닙니다. 그런데 어떤 사람은 이것을 특권으로 여길 수 있고, 어떤 사람은 의무로 행할 수 있습니다.

저 역시 제게 복음을 전해 준 형들이 너무 고맙지만, 처음 예수를 믿었을 때 그 형들이 이것이 특권이라는 사실을 알려 주었다면 훨씬 더 성장하고 더 균형 있게 잘 자랐을 것 같습니다. 저는 어렸을 때부터 이 의무 의식에 빠져 늘 하나님을 기쁘시게 하지 못한다고 생각했습니다. 성경을 안 읽어서, 큐티를 안 해서, 늘 하나님이 나를 안 이뻐하신다고 생각했습니다. 지금까지도 말이죠. 모임에 사람이 적게 오면 '아, 내가 뭘 잘못했나' 하는 생각이 듭니다. 이것이 다 율법적 사고입니다. 처음 출발할 때 잘못 형성되어서 그런 거죠.

그러니 신생아들에게 순전한 복음의 젖을 먹이십시오. 이렇게 이야기해 주십시오. "당신들은 이제 완벽하게 자유롭습니다. 당신들은 이제 그리스도의 품 안에 안겨 하나님의 사랑을 듬뿍 받고 있습니다. 그러니 그 하나님을 알아 가야 하지 않겠습니까? 어떻게 알아 갈 수 있겠습니까? 성경을 통해서 하나님을 알아 갑시다. 우리 기도를 들으시는 하나님께 우리 신음으로라도 기도합시다." 똑같은 것 같지만 완전히 다릅니다. 이런 것들은 의무가 아니라 특권입니다. 하나님 안에서 행복을 누리라고 알려 주십시오.

재헌신(Recommit)한 사람들

예수 따르미에게 가장 중요한 것: 주되심

이제 재헌신한 사람들에 대한 이야기를 할 차례입니다. 누군가 재헌신을 선택했다면, 조심할 것이 있습니다. 이들은 예전에 교회에 다녔다는 이유만으로 복음을 다시 듣고 재헌신을 선택할 수 있습니다. 이들에게 꼭 물어봐야할 것은, 그들이 예수를 참으로 주인으로 여기고 살았던 주되심이 있었느냐하는 것입니다. 예수님이 정말 자기 인생의 주인이시며 세상과 자신의 주인이시라는 것을 인식하고 그 주되심을 따라 살았는지를 물어야 합니다.

예수님이 자신의 죄를 위해서 대신 돌아가셨다고 하는 대속에 대한 깨달음도 깊이가 천차만별이어서, 어떤 사람은 그것을 아주 피상적으로 이야기하고, 어떤 사람은 깊은 성찰을 통해서 이야기합니다. 다 똑같지는 않습니다. 그런데 이때 예수님이 자신의 죄를 위해 돌아가셨다는 것을 믿느냐보다 더 좋은 질문은, 예수를 정말 주인으로 받아들였느냐는 것입니다. 예수님이 주인이 아니었다가 주인이 되셨느냐 하는 것입니다. 예수님이 주인이 아니었다가 주인이 되시려면, 자기가 주인이었던 죄에 대한 깨달음도 있어야 하고, 그분을 주인으로 받아들였을 때 나의 죄를 위해 대신 돌아가신 예수가 계셨다는 것도 알아야 합니다. 그리고 영접의 의미는 예수님의 주되심을 받아들이는 것이므로, 리트머스 시험지는 예수님이 정말 그에게 주인인가 하는 것입니다.

그러므로 재헌신을 선택하는 누군가가 예전에 교회를 다녔다는 사실을 기준으로 삼으려 하면, 다시 한 번 진지하게 예전에 교회를 다닐 때 예수님을 주인으로 삼고 따르며, 그에 따른 인생의 열매가 있었는지 물어보아야 합니다. 만약 "아닌 것 같아. 그때 교회에 다니며 기도도 하고 학생회 활동도 하고 수련회도 갔지만, 예수님께 내 주인이 되셔서 나를 이끌어 달라고 하며 내 인생을 그분께 드려 본 경험은 없는 것 같아"라고 한다면 그 사람은 영접(Receive)을 택한 것으로 보아야 합니다.

그렇다면 이렇게 얘기해 주어야 합니다. "난 잘 모르겠지만…네가 이미 구원을 받았는지 안 받았는지 모르겠지만…만약 네가 하나님 앞에서 인격적 결정을 한 적이 한 번도 없고, 주되심을 따라갔는지가 분명치 않다면, 지금 예수님을 영접하는 것이, 물론 이전에 영접했을지도 모르지만 다시 영접하는 것이 너에게 필요하지 않겠니?" 분별이 어려우니 분명하게 하려는 것입니다. 안전한 길을 택하는 것입니다. 만약 이전에 아슬아슬한 선에서 분명히 회심하지 않았던 것인데, 이번에도 그냥 지나가서 결국은 그리스도를 따르는 길을 잃어버리게 된다면, 얼마나 큰 손실이겠습니까?

그래서 예수님이 그의 주인이신지 확인하는 것이 가장 중요합니다. 예수가 주인이 아닌 사람은, 적어도 주인이 아니라고 주장하는 사람은 구원받지 못한 사람이기 때문입니다. 죄의 상태로 다시 돌아가는 것은, 예수가 주인이심을 거절하는 것, 의식적·무의식적으로 그것을 거절하는 것입니다. 우리는 무의식적으로 죄에 빠졌다는 것을 알면 다시 빨리 회개합니다. 예수님의 주되심으로 돌아옵니다. 그러면 여전히 하나님과의 관계가 유효합니다. 그런데 어떤 사람이 죄 가운데 계속 머물러 있으면서 하나님이, 예수님이 주라는 사실을 계속 거절하면서 인생을 살아간다면, 우린 심각하게 그가 구원받은 자인지 질문해 봐야 합니다. 과거에 그가 어떤 사역을 했든, 얼마나 놀라운 기적을 행했든 그게 뭐 그리 중요하겠습니까? 기적은 하나님을 안 믿는 자들도 일으키며, 선한 행위는 하나님을 모르는 수많은 인본주의자도 행하고 있습니다. 중요한 것은 지금 예수가 우리의 주인이냐 하는 것입니다. 그래서 재헌신하는 사람들에게 제일 중요한 것은 주인됨을 다시 확인하는 것입니다. 그것이 명확하지 않다면 반드시 영접으로 다시 가서 예수님을 받아들일 수 있도록 도와주는 것이 좋습니다.

분명한 회개

정상적으로 재헌신을 선택한 사람들은 대부분 자신이 어디에서 실족하고 타협했는지 압니다. 그냥 어찌 지내다 보니 교회를 멀리하게 되었다는 사람들은 대부분 영접한 사람이 아닐 가능성이 높습니다. 아주 점차적으로 교회를 떠나는 사람들도 있겠지만, 재헌신하는 사람들은 대부분 어디서 실족하고 어디서 타협해서 어디서부터 우상이 갑자기 내 주인이 되었는지 어렴풋이 알고 있습니다. '직업을 선택할 때', '회사에서 일하다가 어느 순간에', 또는 '아이를 낳고 난 다음에 아이 때문에', '이성교제하다가', '돈 문제에 걸려서' 예수님의 주되심을 거절하고 그 다른 주인을 좇아가기 시작한 것입니다.

이런 사람들의 경우 분명한 회개를 할 수 있도록 도와주어야 합니다. "에이, 사람은 다 그래" 하고 적당히 넘어가지 마십시오. 이때는 그 사람의 영혼이 하나님 앞에 새롭게 설 수 있는 기회입니다. 만약 마음을 열고, 그렇게 한 것에 대해서 이야기할 수만 있다면, 그것에 대해 후회한다면 충분하게 후회할 수 있게 해 주십시오. "내가 왜 그랬을까? 내 인생을 허비했구나. 나 때문에 많은 사람이 고통을 겪었겠구나. 시간을 돌이킬 수 없구나." 후회가 없는 회개는 온전하지 않습니다. 그리고 난 다음에 회개로 이어지도록 도와주십시오. 회개에는 반드시 방향 전환이 있어야 합니다. 재헌신한 사람들을 잘 돌봐 주십시오. 어디서 잘못됐는지 개인적으로 돌봐 주고, 이제 다시 그리로 돌아가지 않도록 도와주어야 합니다. 공동체가 잡아 주어야 합니다. 그렇지 않으면 그 사람은 거기로 또다시 돌아갈 가능성이 있기 때문입니다.

하나님의 기뻐하심: 인격적 관계의 회복
그리고 난 다음 마지막으로 하나님이 그를 기뻐한다는 사실을 다시 한 번 알려 주십시오. 인격적 관계가 회복되었음을 다시 한 번 알려 주십시오. 탕자의 비유는 관점에 따라 재헌신하는 사람들을 위한 메시지이기도 합니다. 탕자의 비유가 이스라엘을 위한 메시지라면, 현대 교회에서 이것이 가장 적절하게 적용될 수 있는 사람들은 재헌신하는 사람들입니다. 탕자는 원래 아버지의 자녀였는데 나가서 딴짓하다가 돌아온 아들이므로, 그들에게 이 탕자의 이야기가 도움이 됩니다. "이게 네 얘기야. 너 아버지 밑에 있었잖아. 근데 아버지 밑에 있는 게 얼마나 좋은지 몰라서 딴 데 가서 헤매다가 지금 망가져

서 돌아왔잖아. 근데 아버지는 너를 정죄하지 않으셔. 너를 보고 버선발로 뛰어나오셔. 그리고 집에 있었던 나보다 너를 더 기뻐하셔." 이렇게 그들에게 하나님의 인격적 사랑을 재확인시켜 주는 것이 필요합니다. "너 앞으로 또다시 잘못하면 그땐 죽을 줄 알아" 하는 식의 율법적 사고를 보여 주면 안 됩니다. 이들이 다시 돌아온 것을 받아 주신 하나님의 그 사랑에 감격할 수 있도록 도와주어야 합니다. 죄송함보다는 황송함이 더 커야 합니다.

영접하거나 재헌신한 사람들에게 꼭 필요한 것

하나님과 인격적 관계 발전시키기

영접하거나 재헌신한 사람들에게 제일 필요한 것이 무엇일까요? 무엇보다 하나님과 인격적 관계를 발전시키는 것이 가장 중요한데요. 이 인격적 관계를 발전시키는 데 있어서 핵심은 성경입니다. 아니, 성경이라는 말도 완전히 맞는 것은 아닙니다. 성경이 증언하는 하나님이 핵심입니다.

간혹 그리스도인들이 성경주의에 빠진 것 같다는 생각이 듭니다. 무조건 성경을 읽으면 되는 걸까요? 성경은 무엇 때문에 읽나요? 하나님을 알아 가기 위해서 읽습니다. 영접했거나 재헌신했거나 그것을 기뻐하는 우리나 모든 그리스도인에게 동일한 것은, 이 성경을 통해서 하나님을 알아 간다는 것입니다. 한국 기독교의 가장 심각한 문제는 성경을 사용하지 않는 것이 아닙니다. 성경을 사용하지만, 성경 속에 계신 예수님, 성경 속에 계신 하나님을 잘 알아 가려고 하지 않는 것이 문제입니다. 성경을 읽으며 자기가 원하는 것만 끄집어내어 갖다 쓸 뿐입니다. 성경 자체가 중요한 것이 아니라 성경이 증언하는 예수님, 하나님을 알아 가는 것이 중요합니다.

그런 다음 예배와 기도로 그 하나님을 안 것에 대해 반응합니다. 이 예배와 기도 역시 예수 그리스도가 중심이 되어야 합니다. 죄인인 우리가 예배를 드리고 기도할 수 있는 근거가 어디에 있습니까? 그 근거는 예수님입니다.

그래서 우리 그리스도인의 예배에는 늘 예수 그리스도에 대한 감격이 있습니다. 예수 그리스도가 하나님을 알려 주신 그 신비에 대한 감격과, 예수 그리스도가 우리를 위해 죽으신 그 대속적 죽음에 대한 감격이 있습니다. 그것이 우리 예배의 시작이고, 그것이 우리 기도의 근거입니다.

주님께서 자신의 이름으로 기도하라고 하실 때, 그 예수님의 이름이라는 것은 단순한 어구가 아니라 예수 그리스도께서 보여 주신 사랑을 말합니다. 하나님을 보여 주신 사랑, 우리의 죄를 속하여 주신 사랑, 그것에 근거해서 기도하라는 것입니다. 따라서 우리의 기도와 우리의 예배는 늘 하나님의 사랑에 대한 반응입니다. 이는 너무 중요합니다. 예수 그리스도를 놓쳐버리면 우리 예배와 기도는 그냥 종교적인 행위가 되어버립니다. 많은 그리스도인이 그리스도를 잃어버린 채 영성을 추구하곤 합니다. 그러면 영성에 혼란이 생기는 것을 발견하게 됩니다. 예배와 기도의 핵심은 예수 그리스도입니다.

그리스도인들이 성장하는 데 또 하나 중요한 분은, 바로 이렇게 성경을 읽고 예배할 때 우리를 인도하시는 성령님이십니다. 성령님은 우리를 가르치시고 인도하시는 분입니다. 그런데 성령님은 초자연적인 어떤 역할을 하시는 것이 아닙니다. 성령님의 사역의 핵심 역시 그리스도입니다. 성령님은 예수님이 보내신 예수의 영이십니다. 성령님이 하시는 일은 끊임없이 우리에게 예수가 누구인지 알게 하시고, 예수를 따를 수 있도록 격려해 주시고 도와주시는 것입니다.

이 지점에서 그리스도인의 삶의 원리인 믿음에 대해 꼭 가르쳐 주어야 합니다. 기독교에서 말하는 믿음이 무엇인가요? 그 믿음은 자기가 믿고 싶은 것을 믿는 것이 아니라 하나님이 행하신 일, 행하고 계신 일, 행하실 일을 전인격적으로 수용하는 것입니다. 이 믿음을 설명하는 데는 CCC 총재였던 빌 브라이트가 만든 3F 그림이 도움이 됩니다. 믿음에는 '사실(Fact)', '믿음(Faith)', '느낌(Feeling)'의 영역이 존재합니다. 여기서 중요한 것은 '느낌'이 아닌 '사실'을 추구하는 것입니다. 그리고 우리의 역할은 하나님이 하신 일들에 대해 '믿음'으로 반응하는 것입니다. '믿음'은 하나님이 하신 일을 알아

가면서, 알면 알수록 거기에 반응을 보이는 것입니다.

처음 구원을 받을 때도 믿음으로 시작합니다. 우리는 하나님이 하신 일, 그리스도 안에서 주신 은혜에 반응합니다. 그리스도인으로 성장할 때에도 하나님이 우리를 어떻게 바라보고 계신지 믿음으로 반응하며 자라 갑니다. 공동체에 속하는 일도 마찬가지입니다. 하나님이 만드신 공동체, 이미 내가 그 속에 속했다는 사실에 믿음으로 반응하면서 공동체 안에서 성장해 갑니다. 종말론적인 소망의 경우도 그렇습니다. 우리는 예수님이 다시 오시겠다고 하신 약속에 믿음으로 반응하면서 그 소망을 가지고 살아갑니다. 믿음이 핵심입니다. 하나님과의 인격적 관계를 발전시키는 데 믿음이 제일 중요하다는 사실을 꼭 이야기해 주어야 합니다. '감정'이나 '체험'을 추구하지 말라고 이야기해 주어야 합니다. 체험은 따라오는 것입니다. 하나님이 주시는 것이지만, 안 주셔도 괜찮습니다.

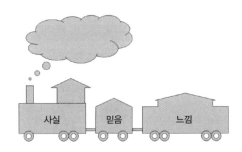

공동체 속에서 살아가기

믿음으로 살아가고자 하는 우리에게 필요한 것은 공동체 속에서 살아가는 일입니다. 이것 역시 믿음과 분리해서 생각할 수 없습니다. 하나님이 아버지가 되셨기 때문에 우리는 형제자매가 되었다는 사실을 믿음으로 받아들입니다.

사실 오늘날 복음을 전하면 모든 사람이 기독교의 문제에 대해 이야기합니다. 모두가 그 문제의식을 공유하고 있습니다. 이런 상황에서 복음을 들는 사람들에게 이런 이야기를 해 주십시오. "한국 교회가 문제가 된 이유는, 바로 예배드리는 사람들, 그리고 그들이 예배드리는 건물은 있지만, 하나님을 아버지로 여기는 공동체는 없기 때문입니다. 당신도 예수를 믿고 혼자 개인적으로 살면 결국 다 비슷한 사람이 되고 말 것입니다. 하나님을 아버지로 삼은 형제자매들이 서로 격려할 때 우리는 이 길을 계속 갈 수 있습니다." 공동체 속에서 살아가는 것은 반드시 있어야 하는 믿음의 반응입니다. 경험적으로 봐도, 신학적으로 봐도, 영적으로 성장하지 못하는 사람들 대부분은 공동체를 가지고 있지 못합니다. 자신의 공동체가 없으면 영적으로 성장하기가 굉장히 어렵습니다. 공동체에 속하는 것에 대해 꼭 추천하고 격려해 주십시오.

그리스도 안에서 균형 있게 성장하기

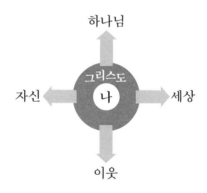

그리스도 안에서 자라남

마지막으로 재헌신하는 이들에게, 이제 영적 아이에서 영적 청년과 영적 부모로 자라 가야 한다고 이야기해 주어야 합니다. 그냥 개론을 이야기해 주는 것입니다. "이제부터 네가 하나님과의 관계가 깊어졌으면 좋겠어. 이제부터 너 자신과의 관계가 발전하기를 원해. 또 이웃과의, 공동체와의 관계가 좀 더 발전하기를 바라고 세상과의 관계가 깊어지길 원해. 이건 계속 선순환하는 거야." 만약 주변에, 그 사람도 알고 당신도 아는 좋은 그리스도인의 본이 있다면 "그 집사님 보이지? 그 목자님 봤지? 그런 분들이 될 수 있어, 우리가 성장해 가면"이라고 이야기해 주십시오. 주변에 신앙이 좋은 사람들이 있으면 제일 좋습니다. 그런 분처럼 되자고, 주님을 따라서 평생 가게 되면 자연스럽게 성장할 수 있다고, 우리 함께 그렇게 성장하자고 이야기하십시오. 다시 한 번 이야기하지만, 복음을 전하는 우리는 영혼의 사냥꾼이 아니라 영혼의 안내자입니다. 우리는 그들과 같이 걸어가는 것입니다.

예수를 만나고 알아가고 따라가기를 돕는 자료

풍성한
삶으로의
초대

풍성한
삶의
첫걸음

하나님
나라의
도전

요한과 함께
예수 찾기

만남은
멈추지 않는다

만나지
않으면
변하지 않는다

기독교의 기본 진리 소개

그리스도인의 초기 양육

워크북

영상강의

음성강의

풍성한
삶의 기초

제자훈련,
기독교의
생존 방식

공동체,
기독교의
삶의 방식
(근간)

청년아 때가 찼다

교회를 꿈꾼다

교회 안의 거짓말

사도행전과
하나님 나라

기도를 배우는
중입니다

하나님나라 복음에 기초한 제자훈련

공동체 신학

김 형 국

연세대학교 사회학과에 입학해 '기독 사회학도의 모임'을 만들어 활동했으며, 졸업 후 IVF(한국기독학생회)에서 5년간 간사로 일했다. 이후 미국 시카고의 트리니티 복음주의 신학교에서 목회학 석사(M. Div.)를 마치고 신약학으로 신약 박사(Ph. D.) 학위를 받았다. 미국 이민 교회인 '새로운 고려장로교회'에서 교육 전도사와 교육 목사로 사역을 시작했고, 3년 동안 1.5-2세 한인 청년들과 함께 시카고 뉴 커뮤니티 교회(New Community Church of Chicago)를 개척했으며, 귀국 후 사랑의교회 부목사로 '찾는이' 사역을 시작했다. '성경적이고 현대적인 도심 공동체'를 세우는 것을 하나님의 뜻이라 믿으며 2001년 나들목교회를 개척했으며, 지금은 하나복DNA네트워크 대표로 섬기고 있다. 《교회를 꿈꾼다》, 《교회 안의 거짓말》, 《풍성한 삶으로의 초대》, 《풍성한 삶의 첫걸음》, 《풍성한 삶의 기초》, 《청년아, 때가 찼다》, 《만나지 않으면 변하지 않는다》 외 다수의 책을 저술했다.

풍성한 삶으로의 초대 워크북

김형국 지음

2019년 3월 28일 초판 1쇄 발행
2025년 3월 10일 초판 14쇄 발행

펴낸이 김도완
등록번호 제2021-000048호
등록일자 2017년 2월 1일
전화 02-929-1732
전자우편 viator@homoviator.co.kr

펴낸곳 비아토르
주소 서울시 종로구 삼일대로 428, 500-26호
    (우편번호 03140)
팩스 02-928-4229

편집 김명희
제작 제이오
제본 다온바인텍

디자인 임현주
인쇄 (주)민언프린텍

ISBN 979-11-88255-30-6 03230   **저작권자** ⓒ 김형국, 2019

이 도서의 국립중앙도서관 출판예정도서목록(CIP)은 서지정보유통지원시스템 홈페이지(http://seoji.nl.go.kr)와 국가자료종합목록시스템(http://www.nl.go.kr/kolisnet)에서 이용하실 수 있습니다.(CIP제어번호 : CIP2019009355)